U0033014

罵不還口，你傻呀？

這樣反擊，遠離被酸、打臉、嗆爆的心塞人生

西村博之 著　謝敏怡 譯

目錄

第二章　左右人心的辯駁技術

第三章　讓難搞的人說「好」的說服術

第四章 對付難搞之人的招數

第五章 「好想講贏他！」這個時候怎麼辦？辯駁煩惱諮商室

第六章 增強辯駁力的大腦鍛鍊法

〈前言〉
消除人際關係上的煩躁感

我在網路上好像被稱爲「駁倒王」。

基本上我只是有邏輯、語氣平淡地陳述事實而已，但對方大多無法反駁，因此在別人眼中看起來，我很會辯駁。

大家每天一定都會遇到想說服上司、交易對象、客戶、朋友熟人之類的場合。

也就是說，想改變對方的言行，讓那個人從反對立場變成支持自己。講得誇張點，我們希望世界按照我們的想法運行。

正因爲有那樣的想法，所以當我們再怎麼努力說服，對方也不按照我們的意思行動，而是持續反對、完全沒有改變時，「煩躁感」就會越發強烈。

爲什麼說服不了人呢？應該是因爲這本書的主題——「辯駁力」不足的關係吧。

我幾乎沒有那樣的煩躁感。從電視或網路的談話性節目、我擔任董事的公司和客戶端的會議，到朋友聚會的場合，我與人爭辯的次數多到數不清。

能否駁倒對方，關鍵就在於說話的方式是否有說服力。

說服對方必須具備的兩個條件就是「**邏輯**」和「**事實**」。比方說，小學生和大人爭論，只要小學生在邏輯或事實上取得優勢，是有可能說服大人的。即便大人再怎麼堅持「一加一等於三」，當小學生說「錯，一加一等於二」的時候，就是小學生取得了勝利。

只不過問題在於，**誰來判斷這場爭辯的勝負**。其實當兩人在一對一爭論的情況下，是分不出輸贏的。

假設小孩與父親爭辯，問母親：「媽媽，爸爸說一加一等於三，但一加一應該等於二對不對？」

「對呀，一加一等於二，爸爸輸了，你贏了。」

母親這個「裁判」角色的存在，才能確定小學生的勝利。

談話性節目也是一樣，關鍵人物或觀衆才是判斷參與討論的來賓勝負的裁判，絕對不是當事人。

公司會議上的爭論也極爲相似，若沒有得到在場的社長或部門經理等、有決定權者的批准，再怎麼好的提案也是無疾而終。也就是說，能獲得社長批准的提案才有說服力，除此之外都是沒有說服力的。

辯駁力亦即有說服力的說話方式，而**我們要說服的對象不是跟你爭辯的人，而是周遭觀看爭辯的人**。

若沒理解到這點，就無法消除爭辯時的煩躁感。

說話不但要有邏輯和有事實依據，同時也要給予圍觀者「這個人講的是對的」印象。這就是我所說的「辯駁力＝有說服力的說話方式」。

這不難。任何人都可以提高辯駁力，也能消除人際關係的煩躁感。

第一章

把爭辯當作是一場遊戲

第一步，想像駁倒了對方之後

以前我一直都有接電視或網路媒體的談話性節目通告，但同時也有線上影片分享網站的工作要做，所以就停上其他節目了。不過網站的工作在幾年前結束之後，也沒有什麼理由拒絕，便又開始接節目通告。

之所以開始上節目，跟我從二〇一五年起旅居法國有很大的關係。因爲我覺得不這樣做，跟日本的連結會變得疏遠。

不過，不管是電視媒體還是網路媒體，所謂的談話性節目，並不是要討論出什麼結論來改變社會，只是一種娛樂性節目。只要爭辯的過程有趣，有沒有討論出結果一點也不重要。

所以，我只不過是用「應該是這樣吧？」反駁其他來賓的主張，把當下想的事情說出來罷了，並不是刻意要駁倒對方。假如有人說「一加一等於三」，我只是向對方說明：「不，應該是二吧？你那邊有一，我這裡有一，兩邊加起來是二。」

如果是我弄錯的話，對方自然會再辯回來。不過在我反駁之後，對方大多默不吭聲。

個性不好比較吃香

這裡岔個題，我以前年輕的時候，曾經在國外從事時尚攝影師的工作。時裝秀攝影師這個工作，大家用的器材大同小異，所以想拍到不錯的照片，關鍵在於能不能卡到好位子。

而個性越不好的人，越能搶到攝影的好位子。比如說，用身體把別人撞開，或是用手把前面人的頭給壓下去之類。越是惹人厭的傢伙，越可以輕易做到。所以像我這種不管別人死活的人，總是可以搶到好位子，拍出來的照片都能獲得好評價。

但我並不打算以時尚攝影師爲志業，而且把別人擠下去的結果，會讓眞的以攝影爲業的人拍不到好照片，這常常讓我感到良心不安……所以就不幹攝影師的工作了。

從事非本業的工作，即便再怎麼努力繼續做下去，之後也不會有任何發展。工作就會變成模稜兩可的事。

談話性節目對我而言就是那樣。雖然大家說我是駁倒王，但對我來說只是「不小心又多嘴了」的事。

所以希望大家了解，在現實生活中，辯駁力是把雙面刃。夫妻吵架時，將對方駁倒一點好處也沒有，不是嗎？

比方說，業務員的工作不是要讓客戶買單嗎？因此工作重點便在於，不要讓人說出「不用，我不需要」這句話。也就是說，比起想辦法辯駁，和客戶喝一杯打好關係比較有效率。

這時，即便對方不買單，還是可以拿其他商品兜售，雙方關係好，以後還有很多機會。當下辯贏對方，讓人覺得不想跟你買東西的話，一點意義也沒有。

在公司，應該有不少人總是喜歡跟上司爭辯、把別人駁倒。因此，辯駁力必須小心使用才是。

使人生順遂才是我們的目標，辯駁力只不過是達成目標的手段之一。
當下反駁對方、讓人閉嘴，其實一點意義也沒有。所以在說服別人的時候，請想像一下駁倒對方之後的樣子，也就是把人生順遂的可能性也考慮進去。

不要說意見，說事實

我說話時幾乎不帶情緒，絕大多數都是以事實為基礎發言，因為**推翻事實是極為困難的事情**。

比如說，當你陳述「狗吃魚」這件事時，別人想讓「狗不吃魚」這個反對意見成立是非常困難的，因為狗真的吃魚。當你給對方看狗吃魚的影片後，討論就結束了。

無論是運動、遊戲，還是工作，有勇無謀地挑戰高難度的事情，最終會招致失敗。企圖推翻事實的行為就是如此。

可是在談話性節目，不承認事實、否定真相的人意外地多，他們或許是用既有觀念和刻板印象在爭辯吧。節目來賓之間當然也有角色的分配，沒有人做那樣的發言，節目氣氛就熱絡不起來，所以的確會有來賓刻意說些違反事實的話。

大概是好幾年前，我受邀參加了某個談話性節目，針對年輕人不創業的問題，與擔任主持人的評論家辯論。

那時我的主張是：「不創業，就不幸福嗎？」

當時我陳述了這樣的事實：「想創業就去做，不想創業也沒關係，這是個人的選擇。創業沒有法律規定，也沒有年齡的限制。」然而評論家卻說是因爲社會不自由，也沒有鼓勵創業的風氣，所以年輕人才無法創業；生活在這樣的社會，年輕人眞是不幸等，他提出了這樣的看法。

評論家又說：「想以三百萬元的資本額創業的話，在美國和日本的難度會是一樣的嗎？」我則回道：「擁有三百萬元的人不會是年輕人。」這也是事實，而非意見。

我想評論家只是想讓談話順著預設的節目企畫走，所以才說出：「現在，十幾歲的學生都擁有手機，打工賺錢就能買下幾萬塊的包包，這在其他國家應該是不可能的吧。女生半夜十二點在路上閒晃也不會被襲擊，這對我們來說都很稀鬆平常，所以住在社會安定的國家是非常幸福的。」

我並未受到那些發言的傷害，節目也就這樣順利進行了。

總之，**事實絕對強過義正詞嚴的意見**。

文科世界的爭論超輕鬆

其實電視的談話性節目，都不會邀請眞正的專家參與討論。例如談論跟理工有關的主題，來賓當中沒有理科學者的情況還不少。這是爲什麼呢？大概是因爲邀請理工科的人來爭辯，話題很快就結束了吧。

理工科的人講話大概會像：「有這樣的證據，實驗的結果是這樣，所以結論就是這個，以上。」之後可能會有「若有反證還請提出」之類有建設性的爭辯。碰到這種提問時，你只能附和對方，不然就是反駁回去：「但也有這樣的實驗，你的實驗方法不是很正確。」

也就是說，當理工科的人聚集在一起，不會出現「不是那樣，也不是這樣」這種沒建設性的爭論。文科的人大多不依據事實，而是順著情緒走，也就是依照當事人的想法在說話，所以才會頻繁地發生意見分歧，使節目得以順利進行。若節目邀請理工科出身的來賓，會縮短討論時間，節目根本做不下去。

我本來是寫程式的，所以是理工人。

程式跑不跑得動，理所當然跟人的情緒或想法沒有關係，只要寫好程式碼，程式自然跑得動。哪一個程式跑得快，數字一翻兩瞪眼，沒有討論的餘地。

也就是說，理工科的世界是很嚴苛的。雖然我工程師的經歷將近二十年，但是因爲比較有經驗，所以「我說的算」這種倚老賣老的說法，可完全行不通。假如有某個年輕人，才花三個月的時間就寫出比我還快的程式，那我只能認了。因爲能夠寫出又快又正確的程式碼就是贏家。

理工科的人大多生活在那樣的世界，只能以事實，也就是能力去對戰，跟文科的人不太一樣。

一旦習慣了以事實爲依據的理工科社會，到了文科社會反而覺得輕鬆。因爲沒有事實依據，也可以進行辯論、駁倒對方。

「我的成績比較好，所以我是對的」「只要有毅力一定會成功」，這種自以爲是的態度，在企畫會議上竟然行得通。也就是說，**在文科世界，利用跟正確性一點關係**

也沒有的豐功偉業，就能成功說服別人。

就像剛才提到的，理工科的人講話言簡意賅、不擅言辭，所以不太常出現在談話性節目上。但以事實服人是辯論的根本，理工人應該很擅長才對。

理工類的論文會明確寫出：實驗順序、實驗材料、證據，任何人來做這項實驗，都會得到相同的結果，所以事實是這樣。對理工人來說，用事實說服人的反面是，唯有事實才能服人，我們已經很習慣這種思考邏輯。

文科人當然也能運用理工型的爭辯法。

總而言之，**只要有意識地用事實說話，任何人都可以提升自己的辯駁力。**

越想掌控局面，辯駁力越強

所謂有邏輯的爭辯就是，當一方邏輯贏的話，另一方就必須認輸。也就是說，**站在邏輯這個基礎上的人，能輕易掌控局面**。雖然邏輯不適用於「你那些道理與我何干！」這種只用拳頭思考的人，但只要對方講道理，即便是國中生或小學生，只要邏輯贏了，就有機會掌控局面。

我在很年輕的時候就發現，即便自己處於多麼不利的位置，只要運用邏輯這項工具，總有辦法解決問題；只要運用邏輯，就能讓事情按照自己的意思走。

而且以我個人來說，心中想掌控局面的想法越強烈，似乎越能發揮辯駁力。

我國中時很討厭古典文學。某一次定期考試結束，我在課堂上睡覺惹毛了老師。那時，我問老師：「學古典文學對我有什麼幫助？」

數學有幫助、英文也有幫助，現代國文讓我們能閱讀國字，所以也有用。但是我從沒看過有哪個大人閱讀古典文學，因此我不認爲古典文學有什麼益處，才會問老師學古典文學有什麼幫助，結果老師卻無法證明……

當時老師似乎是回答：「古典文學讓我們有教養。」但是想要有教養，也可以閱讀法國文學、美國文學或《聖經》，未必要閱讀日本的古典文學不是嗎？我們也可以說，想成為有教養的人，未必要有古典文學的素養吧？我完全無法接受老師的說法。

而且「有教養」這句話，對於有自信、認為自己有教養以外的人來說，是相當嚴苛的要求。

知識這種東西，每個人有各自的立場。如果只具備日本古典文學的教養知識，卻被要求：「老師具有日本古典文學的知識，是有教養的人，那麼請說明一下《聖經》的內容。」如果老師回答不出來，難道就可以吐槽：「您是不是教養不夠呢？」

我讀高中的時候也曾經發生這樣的事。我不喜歡數學的代數、幾何，所以在課堂上看漫畫。

理所當然，老師大發雷霆而中止課程。但我只是在看漫畫，並沒有做出任何妨礙課堂的行為。所以我就跟老師說：「老師不點名警告我的話，什麼事也沒有，課程還能順利進行。」

老師跟我繼續爭辯，最後我說：「繼續這樣吵下去只是浪費時間，妨礙課程進行的是老師。」老師才放棄說道：「夠了，隨便你。」

也就是說，先是有古典文學課上想睡覺、數學課上想看漫畫這些強烈的「願望」，讓我不自覺地頂撞老師，最後駁倒了對方。

不過，如果老師是不講道理的人，我應該講不贏；就因爲老師是有邏輯的人，所以才辯得贏。

「因爲已經訂好了規則，在學校的制度下，學生就是必須聽從老師的話。」假如老師這樣說，我也無從反駁。「因爲教育部這樣說，所以這樣做。」這樣說還比較有說服力。只不過，當老師的人，自尊心通常都很高，所以不會那樣說，這也可以說是他們的弱點。

所以，**會說「我很聰明」這種話的人，越容易被算計**，這在後面會再做說明。

從爭論內容挑對方的毛病

我在國高中的時候，經常挑考題的毛病，因爲考卷寫完還有很多時間。

比方說，理科考卷的題目要選擇出「正確答案」，但爲了讓一個問題只有一個正確答案，所以必須設定好題目的「條件」。

而重力位能的概念，則是國中必學的基本物理法則；指的是當某個物體掉落時，掉落的位置越高，產生的動能越大。若重力爲零，重力位能當然就爲零。

因此，不可能會出現「位於海拔一百公尺與海拔十公尺的地方，物品在哪個位置的重力位能比較大？」這種題目。也就是說，如果沒有「非無重力」或是「重力爲固定値」這類的條件設定，根本就無法回答問題。

遇到這種問題，我會在答案卷上寫：「如果這樣設定問題，那太陽有可能很靠近地球。如此一來，東西不會掉下去，而是會飄上來。這問題出得不是很好。」

我從小就喜歡挑別人的「毛病」，因爲「毛病」就是弱點。找出弱點、攻擊它很有趣。

我有好幾個擅長尋找別人弱點、個性惡劣的朋友，大家聚在一起總是說著討人厭的話，玩著互酸彼此的遊戲。

遊戲規則是把所有自己想得到的謾罵、酸言酸語都用上，覺得不甘心的人就輸了。

對我來說，談話性節目可能跟這樣的遊戲很接近。簡單來說，我上節目時大多是一邊說著讓對方不開心的話，一邊尋找著對方的弱點。

怒氣會降低你的說服力

幾年前我在與評論家對談的節目上也是不斷挑對方毛病，使現場的氣氛越來越僵，但我卻相當樂在其中。

在討論網路匿名留言的問題時，評論家站在「具名派」的立場，因此我跟他有了以下的攻防。

我說：「網路的ＩＰ位址可以查出眞實身分，具不具名一點關係也沒有。」評論家卻主張匿名會帶來成本，這成爲他的弱點，因此我馬上吐槽：「是嗎？山田太郎也好，無名者也罷，調查的成本應該都一樣吧？」「申請調查對方的ＩＰ位址所花費的成本，無論對方是匿名還是實名，應該是一樣的啊？」

當討論越來越熱絡，對方就會開始打斷我說話、甚至搶話，這樣不但會讓觀衆難以理解爭論的內容，也無法留下好印象。

當內心被憤怒的情緒遮蔽時，人就會做出跟平時不一樣的行動。也就是說，**挑對方毛病就是點出對方不想被碰觸的地方**，能惹毛談話對象，並且讓對方說出矛盾的話。

憤怒的時候，人便無法冷靜判斷。**欠缺冷靜的發言，就會缺乏邏輯**，因此說服力就會降低。

在討論的過程中，思考挑什麼樣的「毛病」會讓對方失去冷靜，找出惹毛對方的那張牌，然後在適當的時機拿出來使用是關鍵。

只要能夠找到讓對方失去說服力的要害，就能輕鬆駁倒對方。

對付難搞談判的小撇步

任何商業談判，只要能說服對方，其實不需要用上惹毛對方的牌。只不過，手上有這樣一張牌，可以讓談判過程更加順利。

例如，會議上出現今天一定要討論出結果的氣氛，但這樣下去會對自己不利時，藉由惹毛對方，便可以將情況引導至因爲問題實在談不攏，下次再繼續討論的方向。

也就是拖延戰術。讓我們可以在下次會議前，利用時間蒐集新的資訊，或是完成原本毫無進展的工作。

甚至不用做到激怒對方的程度，因爲人只要有一點不愉快的感覺，就會把能量轉移到情緒而失去冷靜。**當人感到不愉快時，就會想要趕快離開，因而提高贊成「下次再討論」這個意見的機率**。

接著介紹我曾經實行過的拖延戰術。

如果有人反覆強調你的發言有誤時，大部分人應該都會生氣吧。例如前面提過的例子，當說出「狗不吃魚」這種錯誤發言的人反駁你時，就可以回擊：「你剛才說『狗不吃魚』是錯的，所以現在說的也不對吧？」用這種說法，即便對方講的是對的，也會百分之百被你惹毛。

「壓縮個人空間」這個策略也頗好用。會議上進行討論時，只要不斷往對方那邊靠過去，對方就會有壓迫感，而開始感到不舒服、不愉快。

也有人會因此生氣，但我們只是移動位置而已，沒有人會察覺那是爲了惹人生氣而故意做出的行爲。

不過跟政府相關單位的人談判時，不可能把窗口惹毛事情還順利進行。例如常常有人因爲想申請某種許可，卻被政府單位拒絕而在櫃檯發飆，但我認爲生氣一點用也沒有。

與其生氣，不如用「該怎麼做才好呢？我們一起尋找方法吧！」比較能夠說服人。行政人員碰到這種情況，反而比被罵到臭頭還要困擾。

因爲他們心中眞正的想法是「好麻煩」「想拒絕」，但職責上卻無法回絕。收到符合條件的文件時，政府單位便不得不受理。也就是說，遇到「還有其他方法嗎？」

這類文書製作的諮詢時，行政人員一定得說明。

工作上有往來的對象，未必一定要成爲好朋友。視情況，如果讓對方喜歡你比較好，那有時將對方惹怒、保持距離也未必不好。採取對自己有利的方法，就是最好的，不是嗎？

總之，當對方發脾氣時，不要突然退縮，只要用有趣的態度，客觀地觀察對方、思考策略就可以了。

平息對方怒火的技巧

高中時，我曾經和朋友小柴一起在外賣披薩店打工。這裡跟大家分享小柴常用的平息客人怒火的技巧，這個方法與惹毛對方相反，但同樣可以應用於辯駁力上。

在煙火節慶這種超級忙碌的時候，披薩外送遲到兩個小時是很稀鬆平常的事。這時客人一定會先「吃了些什麼」，然後冷掉的披薩才送到，客人當然也會生氣。

小柴這時會怎麼做呢？他會跟客人一起大罵披薩店。「您一定覺得『你知道現在幾點了嗎！』對不對？遲到兩個小時根本太誇張。」他搶在客人之前生氣，彷彿自己站在客人這邊。實際上，當人在生氣的時候，我們無法對站在自己這邊的人發脾氣。

小柴抓住那樣的心理繼續說：「所以啊，這種時候根本就不該訂披薩，因爲心裡明明很清楚根本不可能在時間內送達。所以披薩店乾脆不要接訂單嘛！」小柴明明是披薩店的員工，卻可以若無其事地說出這些話。

被那樣一說，客人也很難繼續生氣。「喔，你懂我的心情。」接受了小柴的話而消氣。

這樣的技巧可以應用在各種商務場合。比如說碰到客訴的情況，**與其尋找各種理由讓客戶接受，不如跟著他一起罵自家公司或商品。直接成為客戶的夥伴，是快速平息怒火的方法。**

對方在氣頭上的時候，讓電話響起也很有效。

當電話鈴聲響起，再怎麼憤怒的人也會瞬間安靜。「誰打來的電話？」受到鈴聲的吸引，火氣會因此減弱。

所以請別人打電話給自己，或是讓鬧鈴響起也行。我在跟難纏的人談話時，經常讓手機在某個時間響起……

有被討厭的勇氣，就什麼都不怕！

無論是激怒爭辯對象，還是平息對方的怒火，只要內心覺得這樣做眞對不起，就很難成功。像我的朋友小柴，一點也不會感到愧疚。

爲什麼我們可以若無其事地激怒或安撫對方呢？因爲我們其實是在「玩遊戲」。商務場合的爭辯也是如此。

也就是說，以我的情況來說，惹毛對方也好、平息怒火也罷，即便這些技巧是有點惹人厭的行爲，只要我不在乎別人怎麼想，加上觀察對方的反應很有趣，我就會去做。而實際上做了之後，對方大部分也會做出如我預期的反應。

我是即便被討厭也不太會在意的人，所以反而比較能保持客觀，能夠興致盎然地觀察別人。

有一種人總是希望大家喜歡自己，這種人面對他人時，老是表示出同情的態度，讓大家覺得發生什麼討厭的事情時，跟那個人聊會輕鬆不少。我剛好跟這種類型的人完全相反，如果你發生什麼討厭的事跑來跟我聊，我會毫不在乎地在傷口上撒鹽，讓你心情變得更糟。

希望被大家喜歡的人，在與人相處時，會因爲在意對方而感到疲憊。

採取被討厭又怎樣的立場，把工作、人際關係、人生當作是一種遊戲，就會輕鬆許多，事情也比較容易順利進行。

用「喜歡」「討厭」有辦法說服別人嗎？

不以事實爲依據，而是用「我喜歡」或「好有趣」這種個人主觀的評價及判斷進行討論，其實沒有什麼意義。

在商務場合，「因爲我喜歡所以這樣做」的說法很常見，但對於沒有答案的問題，交給別人做才輕鬆又有效率。

比方說，我盡可能不碰設計和取名的領域。即便是好的設計、好的命名，最後還是會以「喜歡/討厭」的主觀判斷爲根據。也就是說，即便你再怎麼努力，也得不到正確答案、拿不到一百分。

「做得眞好」「但改成這樣應該更好吧？」「好的，我再修改」；修改完後，「改得眞好」「但改成這樣應該又更好吧？」因爲沒有正確答案，所以永遠修改不完。

相對於此，我寫的程式只要跑得動，大概就接近一百分了。

即便如此，在公司的會議上，有時必須針對沒有答案的問題進行討論。例如，必須在商品設計A案與B案之間做出決定時，該怎麼辦呢？

很簡單，按照高層說的話做就好。

你覺得A比較好，但高層覺得B好的時候，爭辯就到此結束。不要死纏爛打，堅持己見。如果硬是讓自己支持的A通過，一旦失敗，高層可能會指責：「我就說B比較好吧！」順著高層的意思選擇B，失敗了至少不會受到責備。

爲沒有正確答案的問題脣槍舌戰，只是浪費時間。直接回說「那不關我的事」，趕快結束討論比較好。

亂出主意，一旦失敗，自己也必須承擔責任；與其如此，不如讓自己站在失敗時可以說「哎呀，怎麼會這樣？」成功時可以說「好厲害喔！」的立場比較重要。

而「喜歡／討厭」這種生理上的愉快與不愉快，當然有理由。爲什麼會喜歡、爲什麼會覺得有趣，背後都有答案，所以應該好好思考、摸清楚自己怎麼想。

比方說，大家都有覺得「難吃」的食物吧？但其實食物並沒有「難吃」的味道，仔細思考，難吃可以用「好鹹」「好辣」「沒味道」等其他詞彙來說明。

因爲「難吃」是很直覺的詞彙，所以我們習慣想都沒想就說「好難吃」。但是仔細思考，爲什麼會覺得難吃呢？找出理由之後，就可以得到「少加一點鹽」或是「不要加太辣」等對策。

也就是說，**雖然討論「喜歡／討厭」的問題沒意義，但是思考「喜歡／討厭」的理由卻很有用**。

用剛才商品設計的例子來說，即便順著高層的決定，也要去思考爲什麼上司選擇B而非A，建立自己的假說，然後擬定策略是非常重要的事。

把爭辯當作娛樂、遊戲

我在開頭就提到談話性節目是娛樂節目。這裡再整理一次，我定義的辯駁力是什麼。

首先，**一般人在電視或網路上看到、覺得是爭辯的討論，通常並不是爲了解決問題而爭論**。因此我認爲那些爭議，基本上都沒有意義。

如果想認眞找出答案，就必須從學術的角度去分析，或是做實驗獲得結果；在累積確切的證據後，提出讓大家能異口同聲地說「原來是這樣」的新事實來說服衆人。

倘若是那種有意義的討論，對話就不會以「眞的耶，謝謝你讓我上了一課」結束，也不會是七嘴八舌、無意義的爭辯。

但是在談話性節目上，幾乎不會出現什麼新的事實。節目來賓只是一味地用自己擁有的知識相互爭論，表面上看似辯出輸贏，但實際上只是單純的口舌之爭。

就這層意思來說，我認爲公司的內部會議也沒有意義。只要直接找有權力的人談：「有這樣的事實，對於這件事我認爲是這樣，請您裁決。」問題就解決了。

「有這樣的計畫，預算大概是這樣」「我們拿不出那樣的預算，如果預算降到這樣應該可行」，如果只是這種等級的討論，不需要進行激烈的爭辯。

眞的需要面對面開會的問題，是無法留下文字紀錄的內容。比方說，裁員、公司機密，或是與律師諮詢是否有違法之虞等問題。除了在電子郵件留下紀錄可能會帶來麻煩的問題必須面對面之外，幾乎所有事情都能以電子郵件應付，只要陳述事實就可以解決。

但另一方面，對於「超想做這個專案」這種充滿熱情的人，召開社內會議聽簡報是有意義的。觀衆越多，越能夠點燃發表簡報者的熱情。除此之外，雞毛蒜皮的會議是不需要的。

明明沒什麼意義，卻不斷開內部會議，我想背後應是出自於「想裝作是大家共同決定」的動機。

「大家一起」的想法是重點，也就是說，公司的內部會議只是一種儀式，而儀式也可以算是一種娛樂。

沒意義的會議，卻隱藏著強化爭辯能力的線索

應該有不少人，常因被迫參加沒結論的冗長會議而感到厭煩吧。但如果你問我，浪費時間的談話性節目、看似沒幫助的網路貼文、沒意義的會議有趣嗎？我會說，其實滿有趣的。

讓自己樂在討論的祕訣是什麼呢？就在於好奇心。

就我個人而言，想了解的好奇心尤其強烈。我想透過討論去了解與自己想法不同的人，在這種情況下會怎麼想，或是確認自己的預測是否準確。

如果對方的回答跟自己預想的一樣，「喔，原來他是這種類型的人」；如果對方的說明我沒聽過，回答的內容跟預期不同，「嗯哼，原來是那樣啊」；有時候遇到可以理解的狀況我也會附和對方。就像這樣，理解對方、同時確認自己的想法，還滿有趣的。

這跟閱讀書本的感覺很接近。也就是說，我感興趣的是針對某件事實，了解對方怎麼想；而我對藉由討論、用自己的意見說服別人沒有太大的興趣。

所以我幾乎不說自己的意見，只是提問。比方說，「你喜歡顆粒狀紅豆餡？還是泥狀紅豆餡呢？」即便我喜歡泥狀紅豆餡，也會提出「應該比較多人喜歡顆粒狀紅豆餡吧？」來開啓討論。

書有趣的地方，跟它的內容是否爲事實無關，而是在於文風與故事性，以及邏輯推論的方式。

譬如有人在爭辯時說：「熊貓有辦法自己吃口香糖。」大家應該會懷疑這是騙人的，而不想回話，這樣就無法享受爭辯的樂趣了。

如果是我，會用邏輯去吐槽對方：「但是熊貓的指頭沒辦法展開吧？」針對反駁，如果對方有邏輯的回應：「其實熊貓的前腳有六根指頭，可以壓住包裝紙吃口香糖。」我就會接受對方的說法。就像是讀完一本書之後，產生「哇，眞有趣」的感覺。

也就是說，**爭辯有趣的地方未必在輸贏**。

我認爲**爭辯的樂趣在於可以獲取自己不知道的事實，理解自己想像不到的想法**。

如果能這樣想的話，即便是乏味、無趣的會議，多少也能樂在其中。

故意推翻前提條件，砍掉重練

在談話性節目，我有時候會使用推翻原先設定主題的技巧。比方說，如果節目從「可否殺人」的主題開始討論，我就會主張「以殺人為主題，本身就是錯的」。

「倘若可以殺人的邏輯成立，孩子要是知道了會怎麼想？這種主題不應該拿出來討論，而是應該清楚明白地向大眾反覆傳遞，我們應當遵守不可以殺人的規則，這樣對社會比較好。」我的主張大概會是這樣。

在商務場合，我也經常使用類似推翻前提條件的技巧。

比方說，在新遊戲的銷售會議上，出現了「遊戲名稱是這樣，包裝要紅色還是藍色？」的問題時，我就會說：「這遊戲根本賣不出去吧？」故意推翻問題既有的假設。

也就是大家共同思考後得出了兩個選項，討論哪一個比較能賣得出去。但仔細想想，不管是哪一種都賣不出去的情況其實很常見。

碰到要在三個選項中選擇哪一個比較好的問題時，我們容易誤解爲「必須從三個選項中選出一個」，或是「這三個選項中有正解」，但事實上，「三個選項都是垃圾」的情況不時可見。

這個時候，爲維護公司整體利益、降低損失，就必須刻意推翻既有的前提條件。公司經常出現這樣的思維：「因爲是開發新事業的部門，所以一定要弄出新事業。」必須想出新點子的人絞盡腦汁思考，然後高層做出執行的決定，前提只是「因爲不得不做」。

所以在判斷成功或失敗時，我總是避免主觀地思考。

「這個商品要擺設在哪裡？店面？網路？」「如果是擺在店面，我們希望客人看到商品的瞬間產生什麼想法？」「我們有讓客人充分感受到，購買了商品後可以獲得什麼樣的樂趣嗎？」在思考這些現實面的問題或是向負責人提問後，都無法獲得明確回應的話，我就會判斷不要做比較好。

在會議上，我經常吐槽：「這東西要怎麼用？」「這商品的客群是誰？」「擺在家電行賣，這種小衆商品，誰會拿起來看？」

也就是說，雖然跟挑毛病是同樣的道理，但是跟駁倒對方不同。我也有在聽到對方的說明之後，修正看法的情況。

我這幾年大多以顧問的身分，也就是站在給意見的立場參加會議。我在自己擔任董事的公司，基本上也盡量不握決定權，而是透過與負責人討論，讓有決定權的人自己察覺不對勁的地方。

當我提問「如果出現這樣的問題，該怎麼辦？」而專案負責人無法明確回答時，即便計畫進行到二擇一的階段，有決定權的人也會從頭再想一遍，改變判斷。

所以有時我會受到責備，例如：「那個人問題很多耶，是想毀掉我的計畫嗎？」

不過，倘若計畫因此停擺，在修改錯誤的地方後，或許計畫就能變得更好；若計畫因此整個取消，也能想還好是在執行前就知道有狀況。

第二章

左右人心的辯駁技術

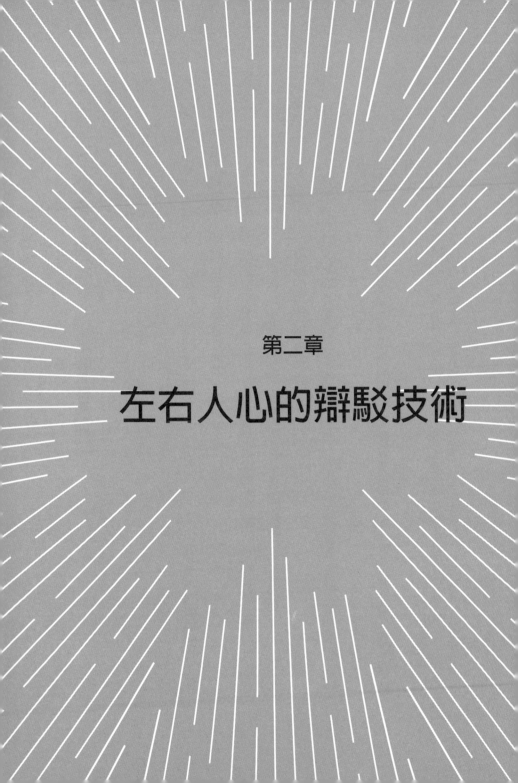

嚴禁一對一，一定要有裁判

在電視或網路的談話性節目，一定有旁觀者，他們不時進行「誰贏誰輸」的判定。在商務場合也一樣，爭論時會有觀看、進行裁判的人。也就是說，**跟眼前的人討論不是重點，關鍵在於在觀看者面前，如何表現自己**。

也就是說，思考那些做裁決的人，是以什麼基準來判斷，在他們面前應該如何表現，然後按順序嘗試幾種「勝利模式」，想辦法在爭辯的遊戲中取得勝利。

反過來說，**爭論的鐵律就是一定要有裁判**。

以37頁設計A案與B案的例子來說，如果只有兩人單獨爭論，就有可能發生明明是對方決定的事情，事後卻跳出來說「設計案是那傢伙決定的」，混淆視聽的災難。

因此，**在能夠取得第三者證詞的狀態下討論非常重要，一對一的爭論一點好處也沒有**。

盡量不要單槍匹馬就上陣。一對一的爭辯對我來說，就是漏洞百出。

因爲只要被抓住一個把柄，對方就會不斷攻擊。而**人只要不斷受到攻擊，就容易出錯**。

擅長攻擊別人的我，很清楚攻擊弱點的方式有很多，當然也明白不斷受到攻擊會有多麻煩。

這裡再舉一個例子。

延續前面「可否殺人」的爭論，當判斷輸贏的人是母親時，只要說：「當小孩的生命受到威脅，而妳眼前有把槍，如果只要殺了犯人，小孩就能獲救，妳會動手殺人嗎？」如此，或許就會得到媽媽們的支持。

如果是看起來像愛看漫畫、孩子氣的人，又或者本身就是小孩的話：「現在有一個壞人，假如殺了那個人，世界就能獲得和平。只要殺掉那個人，全世界的人都可以得到幸福。這樣，殺人也沒什麼不對吧？」像這樣提出漫畫常見的觀點，這個主張得到支持的可能性便很高。

也就是說，雖然我是跟眼前的對象爭辯，但是大部分的情況都有判斷輸贏的第三者，因此如何抓住圍觀者的心，才是爭辯的攻略。

眼前跟自己爭論的對象，是怎樣的人不重要，分辨出看這場爭辯的觀衆擁有何種思考模式才是重點。

然後推測從什麼角度切入可以獲得圍觀者的支持，再展開爭辯。

取得同情就贏了

我認爲被攻擊的一方比較有利。無論是電視或網路上的談話性節目，還是商務場合的爭辯，其實都是「有觀衆的爭吵」，由觀看爭吵的人判定哪一方獲勝。

在這種辯論場合，關鍵就是如何在觀衆面前營造出可憐受害者的形象。社會上大多人喜歡站在受害者那邊。所以「我是受害者」的訊息越強，觀衆對自己的印象就越好。

也就是說，持續扮演遭受責備、斥責的可憐人，就能夠獲得「好可憐」的同情聲浪，增加同夥，最後贏得勝利。

因此，**越是難吵贏的議題，越要在人群面前爭論**，甚至可以故意提高說話音量，引起別人的注意。

在談話性節目上，如果碰到不懂的專業術語，我都會老實詢問「什麼是〇〇？」但有些來賓會擺出「連這個都不懂」、瞧不起人的態度。

這時就是吸引大家注意，讓觀衆同情你的大好機會。你可以說，「詞彙量不足，對不起」「社會經驗不夠，眞抱歉」「能力不好，眞是對不起」，像這樣展現自己是因爲不夠聰明而遭受責備的受害者，也就是弱者的立場。

對我來說，道歉一點也不痛苦。就算要跪在地上磕頭謝罪，我也可以毫不掙扎地跪下去。

這是爲什麼呢？因爲我覺得道歉一點也不沉重。對我來講，道歉只不過是開口發出「對不起」的聲音而已，沒什麼大不了。

所以，當我覺得要是不被罵一定贏不了的時候，可以輕鬆說出對不起。

其實要繼續責備不斷向自己道歉的人，是非常困難的。

面對找各種理由、藉口的人，那些理由、藉口可以直接當作攻擊的材料使用，所以能不斷反擊。但是**碰到一直說「我沒有藉口，對不起」的人，你完全找不到可以作爲攻擊的材料，最後只能在同一件事情上打轉**。

反過來說，只是不斷道歉，就能給周遭人這樣的印象：「人家都那樣道歉了還窮追猛打，眞是討厭。」

也就是說，大氣不喘地道歉，能自然而然地成爲受害者。

所以在公司被上司斥責的時候，不要狡辯，只要不停地道歉：「眞的很對不起，眞的很對不起。」大家就會覺得你「一直被罵，好可憐」，而獲得同情。

道歉可以讓生氣的上司成爲犯人，而遭到指責的自己成爲受害者，形成加害與被害的關係。

打動人心的道歉

我認識一位道歉技巧高超的人，當他用一臉非常抱歉的樣子說「真的非常對不起」之後，就再也不說一句話，沉默以對。

對保持沉默的人說話，是相當困難的事。就像前面所說，如果對方找了什麼藉口，至少可以反駁；但是當對方保持沉默，可以攻擊的材料馬上就會用盡。

我認識的那個人，本來就是話少的人，所以可以使用那樣的技巧，但我個性跟他不太一樣，所以模仿不來。我只要一安靜下來，就會散發出心懷不軌的氣息。

不過大部分的人都可以使用這個技巧，只要沉默三到五分鐘就夠了。在心裡一百八十、一百七十九、一百七十八地倒數，當對方說不下去的時候，就會放棄爭執了。

我的道歉方式是連續呼喊，反覆說「抱歉抱歉」「對不起對不起」，讓對方無法繼續說下去。

我認爲跟人道歉的時候，無須由衷地發自內心。老實說，應該很少人覺得自己百分之百不對吧。

前面提到我對任何人都可以磕頭謝罪，之所以能做到這樣，是因爲我不認爲自己有錯。

我只不過是覺得「對不起、抱歉」這張牌能發揮功效，所以道歉。

也就是說，道歉是一種道具，能順應對方與狀況，帶來某種功效。就這個意義來說，道歉對我而言，跟生氣、開心沒有太大的差別。簡單來說，我認爲道歉這件事不痛不癢。

當我覺得眞的很對不起的時候，當然會好好道歉。只不過最後對方如何理解，會比自己怎麼想要來得重要。

我們怎麼想，對方根本不知道。即便覺得對方好像看穿了自己，但只要說：「不，我是眞心覺得抱歉，對不起。」對方也只能相信。

正因爲如此，關係親密的家人容易看透自己，所以嘴上的抱歉通常行不通。再怎麼認錯，另一半也未必會原諒。

另外，道歉的時機也很重要。在談話性節目，我會在對方笑的時候說對不起。就像前面提到，有些人會看不起不懂專業術語的人，有時針對我的發言，對方會像是在嘲笑般發出笑聲。在這個時機道歉，看在觀眾眼中就會是「被嘲笑的人在道歉」，我完全成爲弱者。

重複前面所說的，社會大多數人都喜歡站在受害者、弱者這邊。也就是說，在談話性節目，處於弱勢立場的人絕對比較有利。

只不過，我們必須好好思考，道歉這張牌該怎麼出才漂亮。

比方說，客戶覺得是我們的錯而發脾氣時，有時道歉會產生「平常不說對不起的人，都那樣低頭道歉了，就算了吧」的效果。而平常總是把「對不起」掛在嘴上的人，道歉牌的效果當然就不好，即便道歉也會被對方認爲沒什麼，發揮不了作用。只有道歉成本高的人難得開口，道歉牌的價值才高。

王牌壓得越久，價值就越高。動不動說抱歉的人，要小心使用。

找出現場的關鍵人物

在談話性節目，總是有人在人家說話的時候插嘴、拚命搶話。但就算再怎麼受到妨礙，我也會堅持把自己的論點講完。

這種時候有兩個重點：

①看著節目的關鍵人物說話，而不是對著爭辯的對象。

②盡量大聲說話。

也就是說，只要在錄影現場營造出「應該要讓這個人把話說完」的氣氛，發言就不會被剪掉，完整播出。

在談話性節目說話大聲比較有利，可以讓對方難以攻擊自己。

此外，人不擅長同時聽多人說話。所以讓鏡頭對著自己，就可以讓觀眾只聽到我說的話。

即便對方搶話的情況播出去了，也只是單純的噪音，觀衆看起來就會是「那個人一直插嘴，好吵」，對插話的人而言只有負面效果，但對我來說卻是正面效果。

要盡量看著關鍵人物說話，是因爲節目通常會以主角感興趣的議題爲中心去錄製、編修，這是節目製作的「潛規則」。

也就是說，即便節目的關鍵人物沒說什麼話，製作人也會把他放進鏡頭，希望捕捉到他豐富的表情。因此節目來賓必須看著主角說話，讓對方理解自己講的、對自己感興趣。

公司會議也是同樣的道理。比方說，公司內部會議的關鍵人物是上司的話，大聲地說出上司喜歡聽的話，自然能獲得好評價，意見受到採納的機率也比較高。

如果上司喜歡足球，可以說「這個金額大概是梅西年薪的四五％」，嘗試在對話中玩點小把戲。

當然也可以視會議的主題，以上司期望的意見爲前提發言，或是提供上司不知道的最新資訊，這些方法有助於讓對方對自己產生興趣。

有時關鍵人物並不是位階最高的上司，而是第二或第三位階的主管。這時，盡早辨別出關鍵人物就非常重要。

一對一討論時的訣竅

我在前面提到，不要在沒有裁判的狀況下爭論。也就是說，不應該兩個人關在密室吵，因爲沒有裁判，爭論只會淪爲情緒化的爭吵。所以我總是不擅長處理家庭內的紛爭。

但還是會碰到只有兩個人的情況。比方說，被公司的前輩叫去小房間說教，陷入沒有其他人看到、無法脫身的狀態。

這時候只要聆聽就好，總之讓對方把話說完。

當說教告一個段落，就說：「我懂了，眞的很抱歉，請讓我回去消化一下。」趕快回到自己的座位。

然後發一封郵件給跟說教事件相關的人：「針對某件事收到以下指正，對此我的想法是……」

像這樣**把事情公開**，看了郵件的人就會進行評斷。

而說教的前輩一定也會在信中反駁，但是**在有觀衆的地方，比較不會感情用事**，也可以快速解決問題。

有時間差也無妨，總之必須**想辦法製造出有觀衆的平台**，在裁判面前討論。

這是提高辯駁力極爲重要的關鍵。

但並不是任何事情都有必要對全員公開。如果是在公司，因爲上司擁有裁量權，當你被前輩說教後，隔天只要在上司面前說：「前輩不好意思，關於昨天您說的……」把事情再拿出來討論，就可以重啓比賽。

一般來說，上司看到部屬的爭執不會放著不管，爲爭辯做出輸贏判定的機率很高。

也就是說，用這個方法強制結束爭論，至少能達到不分勝負、打成平手的結果。

辯駁力就是預測力

其實爭論時，能選擇的反駁模式並不多。

即便是一般的對話，我們多少會一邊預測對方怎麼回應，一邊回話。反過來說，當我們說「今天天氣眞好」，不會預測對方回答「眞想吃大便耶」。一般人會回「對啊」或是「沒有吧」。先有肯定或否定的回應，再產生一些對話的材料。

辯論也是同樣的道理。大部分的人針對我的意見，幾乎都是持否定的立場。也就是說，回應幾乎都是「不對」。針對「不對」應該怎麼回應，我也大致有個底。

如果球這樣飛過來，我就這樣打回去；一邊想像、一邊對話，怎麼接話當然也是預先想好的。

也就是說，在對話的過程中，某種程度上先預測對方會怎麼回應，然後思考下一顆球該怎麼丟。

比方說，我吃西瓜的時候不喜歡沾鹽巴，而喜歡在西瓜上撒鹽的人經常會說：「撒鹽的話，西瓜吃起來更甜。」

鹽巴本身不甜，會變甜當然是假的。所以我就投出事實球：「西瓜本身不會因爲撒了鹽而變甜。」

針對這顆事實球，對方若回應：「可是這樣吃起來感覺更甜，更好吃。」這也在我的預料之內。

如果在甜的東西上撒鹽巴會變得更好吃，那除了西瓜以外的食物難道都要撒鹽嗎？

因爲我不懂撒鹽有什麼好，所以問那些會在西瓜上撒鹽的，大部分人都回答是源自於家裡的習慣。也就是說，撒鹽並不會讓食物變甜、也不會變好吃。

這時我就會反擊：「那你會在草莓上撒鹽嗎？你會在巧克力上撒鹽嗎？這不過只是你個人的習慣而已吧。」

對方聽到便會語塞，然後對話就結束了。

不過，也有完全不會語塞的人，例如有些人會回說「會啊，我會在巧克力上撒鹽」，或是「對啊，像鹹牛奶糖或鹽味糖就很好吃」。

遇到這種類型的人，我會用無論回答「是」或「不是」都無路可逃的問題，問對方：「你也會在市面上販售的糖果上撒鹽嗎？」

如果對方回答「會」，我就會說：「市面上的糖果，幾乎都是以消費者直接吃為前提販售，因為大家覺得好吃，糖果才那樣製作。你的味覺可能異於常人。」

如果對方回答「不會」，我則會說：「因為不用撒鹽就很甜了對不對？」

像這樣，丟出去的球，有時會得到出乎意料的回應，這也能訓練我們的預測力。

用「例外」就能簡單攻破

提出「例外」，是我在討論時經常使用的技巧之一。

例如「殺人是不好的」，是非常好懂、理所當然的常理。

可是當我們說「殺人是不好的，所以絕對不可以」的時候，對方就能提出例外。「難道戰爭中殺人的士兵都是壞人嗎？」這應該是小朋友也能想得到的例外。碰到這種情況該怎麼回呢？其實很難反駁。

如果在戰爭中，偉大的領導人可以下令殺人的話，那麼美國總統命令美軍在戰場上殺敵，跟伊斯蘭國領導人命令士兵發動恐攻，就沒有太大的差異。伊斯蘭國可以說：「所以我們可以殺人對吧？」

即便不是戰爭，「爲了幫助別人，所以可以殺人」的反駁，也是例外的一種。比方說，身上綁著炸彈的犯人，在街頭大聲嚷嚷「我馬上引爆炸彈，死給你們看」，而附近五百位民眾可能因此死亡時，警察一槍把犯人給斃了應該是「正確的」吧。

針對「不管任何時候都不可以殺人」的想法，**讓對方承認也有例外時就贏了**。

世上大多事都有例外。

試著提出一個例外，不用絕對符合事實，視狀況、條件，例外能成立的話，對方也只能認同你說得對，不得不同意。

也就是說，**針對對方的主張提出例外，就能夠取得主導權，改變對話的方向**。

別說「絕對」

習慣說「絕對」「一定」「很明顯」這類具強調性詞彙的人，在討論時是極爲不利的，很容易被暗算。這就像當你爬到梯子的最頂端，別人很容易把接近地面的梯子拆掉一樣。

「在大多數的情況，殺人是不太好的事」，這種說法應該無法反駁吧。對方只能說「也是啦，的確如此」，就結束話題了。然而，一旦說出「殺人絕對是不好的」，不僅會成爲被攻擊的弱點，也把自己的後路給堵死。

「在大多數的情況」和「絕對」看起來相似，但意義上極爲不同，所以我幾乎不會使用「絕對」這種把話說死的用詞。

在商務場合也是同樣的道理。比方說，在網頁製作的企畫會議上，我們不會說「這絕對行得通」，而是用「有很高的成功機率」來爲自己保留後路。

「有很高的機率」這句話，有說跟沒說一樣，非常好用。

「有很高的」這個用詞具有「相當程度」的意思，雖然非明確的數字，但是跟「機率」這個詞非常搭。而且重點是，每個人都能各自賦予這個用詞意義。

也就是說，當失敗的時候我們可以解釋爲「有很高的機率是指成功機率五成」。如果當時說「有八〇%的成功機率」，就很難找藉口了。

我經常受邀參加網路犯罪主題的談話性節目，當我提出「韓國雖然是網路實名制，但網路犯罪並未因此減少」的事實時，就有來賓對此提出反駁。

對方表示，網路直播或影片「明顯地」讓使用者身歷其境，他們從中獲得愉悅感，使犯罪增加。

我馬上攻擊這個弱點：「『明顯地』只是你個人的想法吧？」

這時來賓也只能點頭承認。

對方用了「明顯地」這個詞，聽起來像是在陳述事實，我認爲不妥當，因此特意向對方確認。

因爲**收看節目的觀衆當中，有些人會以爲電視上的人講的都是對的**。

當時我正好從事線上影片分享網站的工作，雖然無法阻止別人說我的網站很糟糕，但是「動畫網站＝很糟糕」被陳述爲事實，透過電視散布到社會上的話，可會攸關到網站生死。

因此我也必須明確地傳達，「你現在說的不是事實，而是個人意見」，讓觀衆正確理解。

用「我覺得」爲自己留後路

我保留後路的習慣，有可能是在「2ch」（編按：日本最大匿名網路留言板）擔任管理員的時代，經常跑法院帶來的副作用。

一週跑兩、三次法院，有時還必須同時上兩個法庭。在審判過程中會進行事實的確認，一旦說「我弄錯了」，再修正說法，法官對自己的印象就會變差。

也就是，不要在法庭上說錯話比較好。我因此學會運用有說跟沒說都一樣的話。不一口咬定是什麼，也不使用明確的數字，而是說「大概是」。

有說跟沒說都一樣的用詞當中，最具代表性的就是「我覺得」。因爲自己認爲的東西是眞的，別人無法否定我們怎麼想。

比方說，「他喜歡蛋糕」的主張，如果當事人其實討厭蛋糕，主張就會被當成錯誤的，而遭受否定。然而，如果是「我覺得他喜歡蛋糕」，即便當事人討厭蛋糕，「我認爲」的事實並不會因此遭受否定。

也就是說，針對「不，他討厭蛋糕」這句話，回應「但我覺得……」，一點也沒有錯。

「我覺得」可以為我們保留後路。

順帶一提，律師在法官面前，也不會把話說死，大多是以「我方欲如此主張」的方式發言。

限制「條件」

談話性節目上經常有目標達成欲很強的人，即便現實和自己的想法有落差，也只蒐集對自己有利的資料進行討論。

這類型的討論方式，只要出現一個不符合想法的資料，論述就會輕易崩解。

比方說，主張「現在坊間流行草莓蛋糕」的人，很容易只蒐集蛋糕店的銷售額、人氣票選結果第一名是草莓蛋糕的資料。

因此，只要拿出某雜誌的甜點排行第一名是栗子蛋糕的資料，就可以反駁對方：「現在流行的不是草莓蛋糕，而是栗子蛋糕吧？」

其實，即便現在流行的眞的是草莓蛋糕，只要出現一個反駁前面論述的資料，主張就被推翻了。

也就是說，未握有證據就想讓意見被大家接受，是非常困難的事情。而蒐集資料正是一門高深的學問。

著眼於社會的話，範圍實在太廣，要蒐集所有資料幾乎不可能。這時，其實只要設定好條件，在限定範圍內蒐集資料就好。

也就是說，先限定條件、建立假說：「草莓蛋糕最近在年輕人之間相當火紅」。然後選定幾間受年輕人歡迎的蛋糕店，確認那幾家店的草莓蛋糕是銷售排行第一。

這時也可以到蛋糕人氣排行榜的網站，確認草莓蛋糕是否第一名，如果不是，就一定要確認網站的調查對象是否限定爲年輕人。

面對「這個排行網站的第一名是栗子蛋糕」的反駁，可以說「調查對象並未限定年輕人，因此這個資料沒有年輕人的意見，可以排除」。

如果有針對年輕人做的調查排行榜，只要拿出資料就行了。

不過即使受到指正，「在其他以年輕人爲調查對象的蛋糕人氣排行榜，栗子蛋糕是第一名」，因爲我們一開始設定的條件「相當火紅」的「相當」，定義其實含糊不清，所以也無須一一反駁，只要輕描淡寫地帶過去就好。

不帶入個人情緒

在談話性節目或網路上的爭辯經常出現，撇除對方的作爲，從這個人是善良還邪惡，也就是從對方的本質開始討論的狀況。

「雖然他很討人厭，但是他的所作所爲並未違法」，像這種就事論事的討論是妥當的。但是討論中經常出現「討厭的人做什麼都討厭」，或是「好人做點壞事也可以原諒」這種帶入偏見的說法。

爲什麼會這樣呢？因爲大家很容易把自己的情感投射到事物上。

可以不帶情緒評價他人的人，就能輕鬆以事實爲依據，將事情區分清楚。

對爭辯的對象，尤其是對登場人物帶有強烈情緒的話，就容易淪爲「這個人很可憐，我很同情他」「我很喜歡他，所以不忍心批評」這種充滿情緒的討論。

我對人不太有情緒，對朋友也不會有「他是好人，所以絕對不會做壞事」這種先入爲主的觀念。

一般來說，稍微反思一下自己，應該會覺得世上淨是「不好的人」吧……前面提到我們無法否定別人「覺得」的事情。而帶入太多情緒，在有感情的狀態下討論，正是主觀意見的衝突，讓人完全無法進行討論。

順帶一提，以我個人來說，容易讓我產生情緒的是「這個遊戲很有趣」「這部電影很好看」的主題，完全是主觀的東西，因此根本無從討論。比方說，你費再多工夫向超喜歡「勇者鬥惡龍」的人說這款遊戲有多無聊，那個人還是會很喜歡「勇者鬥惡龍」。

主觀的東西沒有正確解答，根本不可能說服得了別人。因此混雜著主觀概念的討論，只是浪費時間。

「我很難過」「這很奇怪」「我喜歡這首歌」「這眞時髦」這種混雜著主觀要素的東西，絕對不是事實。也就是說，**我們無法有效地反駁「我不這麼覺得」的意見**。

這類爭論不管怎麼樣都有可能會輸，參與這種爭辯沒好事，所以主觀性的爭論我都盡可能不參入。

不帶感情好處多

「未來社會經濟該何去何從」這種沒有答案的議題，你可能會很迷惑不知該支持哪個主張，但這種問題沒有正確解答，隨便怎麼回應都可以。

對於提供新知識的人，我會專心傾聽。只不過那些知識，只要閱讀新聞就好，我並不會因此對提供知識的人產生情緒，進而支持對方主觀的看法。

遇到「荷包蛋是淋醬油好吃，還是淋醬油膏好吃？」這種沒有答案的熱絡討論時，面帶微笑觀看即可。

假如A和B的意見對立，你只要選比較喜歡的那一邊支持就好。

正因爲不帶入情緒，才能夠從利害得失進行判斷。利害得失聽起來不太好，但總比帶入情緒、無法以事實爲依據討論要來得好。

總之，帶入越多感情，說服力越弱，所謂的「自以爲是」就是這樣。

不使用定義上曖昧、艱澀的詞彙

據說人容易陷入「淺顯易懂就是正確」的判斷偏誤。

比方說，又濃又黑的文字和淡灰色的文字，哪一個看起來比較正確？即便內容相同，大部分人都會認爲黑色清晰的文字看起來比較正確。

所以不使用太多艱澀的詞彙，比較容易說服他人。

有些人會故意撂英文，「八〇%達成 consensus」，對英文沒抵抗力的人可能會因此上當，但一般人應該會說「consensus是什麼？聽不懂」，並覺得說這種話的人不可信。

所以，用平易近人的話來說明「八〇%的人達成共識」，比較能獲得別人的認同。

說話沒有根據的時候，或許可以用英文打迷糊仗；想營造出自己很懂英文的人，說話時當然可以塞進許多英文，以國外的例子來說明。

但如果談話對象只是普通人，就必須使用對方生活上常用的詞彙、以熟悉的例子來說明，比較容易被接受。

雖說是簡單的詞彙，也必須盡量避免使用定義上模糊不清的話語。

比方說，有些人碰到什麼議題都把「文化」掛在嘴上，常常批評網路沒文化，這種人在辯論中大多會輸。歸根究柢，有沒有文化這個問題，根本無法客觀地區分。

這種定義曖昧的問題，只能從主觀的觀點來討論。因此，再怎麼努力也辯不贏。

「複製、評論既有的東西，一點創新也沒有。這不能說是有文化的東西吧？」對於這種針對網站影片的批評，即便我說明：「某用戶製作了一首曲子，上傳到線上影片分享網站，其他用戶再用那首曲子編舞，然後又有其他用戶用那首曲子跟舞步跳舞，這種情況很常見。」對方可能也不接受。

所以我應該說：「即便被說網路沒文化，但我身爲線上影片分享網站的管理員，應該比各位清楚網路有沒有文化。」然後結束對話。

總之，避免使用定義曖昧、艱澀的詞彙，有意識地運用對方熟悉的語言，可以相當程度地提高說服力。

不說話的人沒價值

在商務會議上，常常有人完全不發言、只坐在位子上，我每次都感到不可思議。這些人是怎麼了？完全沒有可以說的話嗎？是沒興趣呢？還是剛進公司正在學習？

公司支付每位員工薪水，只要有四個人認爲之後看會議紀錄就好，一個小時的會議完全不發言，對公司而言便是重大損失。

公司聘請一位正式員工，除了每個月的薪資以外，還有員工勞健保等費用、行政成本、辦公室管理成本。聘僱一個人所需的經費，假設一個月固定費用大概要支出六萬元；一個月的勞動時間，一天八小時×二十二天，一個月一百七十六小時，等於一個小時薪資是一百七十元＋營運成本三百四十元＝五百一十元。聘請一位正職員工須支出的成本相當可觀。

一個小時的會議有四個人無所事事，對公司而言就損失了兩千多元。假如一個月有五次會議，就會產生一萬元的損失。

若會議主題是討論要不要花一萬元打廣告，我覺得炒了這些人還比較划算。

像這種討論一、二萬元的預算編列，把時間花在這種事情上其實才是損失的會議還真不少。對公司來說，用擲骰子來決定是否編列預算還比較快。

也就是說，無論發言與否，只要開個會，人事成本就飛了。

每間公司的情況不同，如果公司覺得這樣耗費人力成本無所謂當然沒問題，不過我偶爾也會指出討論這個問題本身就是在浪費時間，來推翻議題。我會說：「找不到解答對吧？既然如此回去各自蒐集資料、證據，再來討論好不好？」

面對做了就是損失的案子，在大家都在的情況下提出反對，並做出明確的判斷很重要。

辯贏又不被怨恨的方法

在公司會議駁倒對方時，只要不延伸出人際關係的問題，就不會被怨恨。

比方說，表達時不要否定別人的意見，「現在有A、B、C三案，A案有這樣的優點，B案有那樣的優點，但A、B同時有這樣的缺點，因此C案應該比較好。」像這樣，不針對誰的意見，僅針對A、B、C三案的內容進行討論。

如果大家覺得C案比較好，就不會牽扯到A、B兩案的提案者是誰，也就不會出現「可惡，我的意見竟然被否定」這種忿忿不平的情況。

但問題就在於，把否定意見與否定人格混淆在一起的人不少。因此跟意見遭受反對就會惱怒的人說話時，必須慎選用字。

若不這樣，混淆兩者意義的人，會擅自把否定意見當作是否定人格，不斷情緒化地反駁。在會議上就會出現「我不想被遲到的人批評」這種跟主題無關，爲反對而反對的發言。

如果變成那樣，根本無法解決問題，所以說話時必須小心謹愼。

除此之外，我在企畫類的會議上，也經常使用引導對方自行撤回意見的技巧。

例如我會說：「大家模擬測試後的結果，A案是這樣，B案是這樣。我認爲A案比較好，但無論如何都想支持B案的人，還是可以繼續努力。」

這時想推B案的人，不僅必須說明A案哪裡不好，還要說明大家都已知的模擬結果哪裡有問題。如果做不到，就必須撤回B案。

即便如此，還是會有人強行讓B案過關，若企畫順利執行當然沒問題，身爲合作夥伴也不能說什麼。若失敗了可以說：「那個時候是誰做決定的？」責任絕對不會是自己，也就不會被人怨恨。

此外，我推的A案是以模擬測試爲依據，由大家共同決定的，因此即便失敗了，只要說「發現模擬測試的錯誤眞是太好了」，問題就結束了。

殺手鐗①　抓語病——「爲什麼變過去式了？」

很多人因爲不想被當成難搞的人，所以說不出自己的想法、默默接受所有安排。這是一種不想被討厭的心理。

我則是相反，在商務場合會盡可能散發出「這個人不好惹」的氣息。如此一來，大部分的人都不會反駁我。在會議上我無須大費脣舌，說服大家接受我的意見，但私底下可能會被說「那個人眞討厭」。

社會上有膽量攻擊麻煩人物的人並不多，所以被大家覺得不好惹的好處其實不少。

想要散發出不好惹的氣息其實很簡單，咬住細節不放就對了。

抓語病是我很喜歡的技法，所以大家碰到我總是很惶恐。

比方說，在討論某個執行中的專案會議上，假設有人在報告專案的進度時，針對某件事說「完成了」，我就會問：「爲什麼變過去式了？」攻擊細微末節的地方。

「你不用現在式是因為案子在某個時間點已經結束了，是嗎？是發生了什麼狀況嗎？」我會說得彷彿看到了什麼重要的問題。

對方可能會回：「沒有，只是口誤。」但只要重複幾次這種攻擊，出席會議的人就會覺得「你很難搞」。

對報告的人而言，「為什麼變過去式了？」是顆意料之外的球，他完全無法理解為什麼現在這顆球會丟過來。

預料中的球比較容易接住，也容易攻擊回去。但是我經常丟怪球，不好接，也不好回擊。我讓別人覺得我是不好控制的。

人對無法理解的事物感到不安，那樣的不安則會帶來恐懼。所以成為不好惹的人，自己的意見就容易被大家接受。

但常常丟怪球，很可能被大家徹底討厭，很難說這樣是好還是壞。

第三章

讓難搞的人說「好」的說服術

了解對方身處的平台

我開設的網路匿名留言板，上頭交錯著各式各樣的意見，留言看起來都非常情緒化，但只要仔細觀察便可以發現，能在筆戰中勝出的，都是有邏輯、具說服力的人。也就是說，我的匿名留言板是有邏輯的媒體平台。

在匿名的平台無法說誰的主張比較正確，以權威服人的方法並不管用，情緒化地重複同樣論點當然也說服不了人。因此想駁倒別人時，除了有邏輯地說明之外，沒有其他方法。

只不過，雖然無法以權威服人，但是在現實社會裡，「○○○老師也這樣說」卻相當有效。

想在現實社會中運用辯駁力，必須先了解對方身處哪一個平台，也就是理解那個人的思考模式。

了解對方的思考方式，比較能夠想像丟出這顆球後，球會怎樣傳回來——「如果對方是這樣的人，我應該怎樣說明比較好」，去改變說服的方式。

我們在說話的時候，會下意識地用不同的方法，跟不同對象講話。比方說，對禮節、規矩多的人，說話就必須謹慎小心；相反的，面對不喜歡客套的人，講話直接點比較好。大部分人畏懼權威，是可以理解的。

像那樣將人的思考模式，按照自己的方式模型化。如此一來，「他是這種模式的人，只要這樣說就行了」，事情討論起來會格外順暢。

想增加模型的類別、提高辨別的準確度，只要向不同的人丟不同的球，多加嘗試即可。

用提問將對方模式化

我在探索對方是哪種類型的人時，會先蒐集第一手資料，面對面地提問，觀察對方怎麼回應。

也就是說，雖然問題可能很隨性，但就像「針對這個問題，對方這樣回答，所以他是這種類型的人」，透過跟對方玩傳接球的遊戲，可以逐漸釐清他的思考模式。

比方說，有時只是普通的對話，就能隱約感覺「這個人應該沒揍過人」。對方說話的時候，我其實並沒有認真聽，而是在想這個人是哪種思考模式，並建構出好幾種模型。

然後我會丟幾顆球，試著確認是否符合某種類型。如果對方的回應符合，我就會順應著他的話展開討論。

比方說，拜訪新客戶時，當我覺得對方是喜歡熱鬧的大叔，就會用他喜歡的方式來往。如果一起喝酒比較能攻陷，我就會邀約大叔去喝一杯，然後在吃飯時開開黃腔，就能把對方逗得很開心。

選擇適合攻陷對方的方式進行對話，並將話題帶到自己擅長的領域。

動物也會運用這種手法。想捕獲眼前的獵物時，該往右還是往左，牠們都是在進行了某種程度的預測後才出手的。觀察對方的行為舉止，預測對方會如何行動，都是下意識的行爲。

人也是如此。比方說，在新宿車站這種人潮擁擠的地方行走時，大家都會一邊避開人潮一邊往前走。這樣的行爲在某種程度上也是預測了周遭人的行動——「這樣走不會撞到人」，大家都下意識地建構了模型。

在溝通時有意識地使用這種技巧，便能逐漸累積不同的思考模式。如此一來，不僅能讓討論順利進行，即便是普通的對話也變得有趣多了。

總之先隨便丟顆球，提問就對了。

洞悉對方的動機

在爭辯時，大多數人都會站在某個立場說話，未必僅限於利害關係人相互爭論的情況。就像生意人希望對方購買自家商品，政治家希望選民投給自己一樣，大家都帶著某些意圖，試圖在各種場合說服別人。

撇開閒聊不談，基本上人會爲了增加自身利益，而試圖去說服對方。只不過，人的動機相當複雜，話語的背後可能隱藏著其他眞正的想法。

比方說，口若懸河的業務想銷售讓客人開心的東西，但是他眞正追求的，其實是提高業績，提高業績的理由是爲了升遷、加薪。「所以你只是想要錢」，一旦知道對方的動機，對業務的看法就會改變了。

公司的前輩對後輩發脾氣也一樣。說生氣是爲了對方好，把話說得很漂亮，但其實有可能只是想找人出氣而已。

而有時長官生氣，是爲了提高部門的業績，只不過，也有可能是這種模式：「總之先臭罵他，這樣應該可以提升那傢伙的動力吧。」也就是說，主管生氣的背後動機，單純是想拉高數字，因此選擇了生氣的手段。

如此一來，就無須那麼在意對方的怒氣。因此，**我們的行動若不配合對方的動機，有時只是在浪費時間**。

「我也想提升業績，那我馬上出門拜訪客戶。」這樣提案，在氣頭上的前輩應該會說：「好，去吧。」對方很清楚繼續生氣跟讓後輩去跑業務，哪個比較能提升業績。

不要搞錯目標

想讓提案過關時，一股腦地強調點子有多好，恐怕也很難通過。

首先，我們要掌握的是判斷採用提案的人，眞正想要的是什麼？有決定權的人是單純想提升業績呢？還是想在公司內部營造出有作爲的形象？或者是，只要跟別的部門相比有成長就好？又或是說，其實他根本就不想工作，只是想要一個看起來像有在工作又輕鬆的案子？

像這樣，我認爲在思考點子之前，先找出有決定權的人動機在何處比較有效率。因爲一旦搞錯對方的動機，很有可能提出牛頭不對馬嘴的點子，變成是自己自作多情，被對方打回票。

用迂迴的例子來說，就像從量販店以低價進貨拿到網路上轉賣，每件商品賺取的金額雖然不多，但營業額累積下來也是不錯的生意。用三萬元進貨，以四萬元賣出，這樣下來一年也可以進帳好幾萬。

如果有決定權的人拘泥於表面數字，即便企畫不漂亮、不好看，提案者只要讓業績數字往上提升就好。

重點是不要搞錯目標。

有決定權的人期望什麼，才是眞正的目標，自己的願望，只是自己擅自訂定出來的假目標罷了。

忍住想表現的欲望

一般而言，大家認為在爭辯的時候，要竭盡所能蒐集到所有情報會比較有利；但實際上，盡所能蒐集到的資料大多派不上用場。

所以說來說去，走一步算一步比較符合成本效益。也就是說，重點在於能否隨機應變。

就我來說，無論是談話性節目還是商務場合，走一步算一步的方式大多可行。

比方說，提出新企畫必須說服對方的時候，如果是完全不熟悉的領域，當然多少要做點調查，但蒐集太多資料並想全部用上的心態，反而會令人綁手綁腳，使思考變得狹隘。

以我個人的經驗，在什麼也沒準備的狀況下參加企畫會議，仔細觀察對方怎麼表達、如何反應、期望什麼，比大量蒐集對方的資訊所帶來的影響還要大。

也就是說，配合不同的對象，在不同的場合丟不同的球很重要。

假設有客戶想買一間公寓，他是想買在林口呢？新店？還是大安呢？房屋仲介瀏覽各種物件資訊，製作行情一覽表，還親自跑一趟做介紹，卻可能出現客戶其實眞正想要的不是公寓，而是獨棟的透天厝。

譬如對方在翻閱物件資訊時，出現以下對話：

「希望房子像小丸子家那樣。」

「咦，這樣的話獨棟的透天厝應該比較適合。」

「對耶，獨棟的話還可以養寵物。」

也就是說，努力找一堆資料一點意義也沒有，反而很有可能因爲提出太多不符合客戶期待的東西，而錯失商機。

大家在逛商店時，應該有遇過店員自顧自推銷的經驗吧。如果對方的話落落長，會很想走人對不對？同樣的道理，針對像小丸子家獨棟透天厝的需求，你卻說這間高級公寓怎樣又怎樣，那麼客人感到不耐煩也是理所當然的。

有些人很容易自顧自地說，聽的那一方絕對不會感到愉快，應該說很不愉快。努力找了一堆資料，就會相應地產生想表現的欲望。

所以，不要找無用的資料，順著對方的期望去對應比較不會出問題。現在只要上網搜尋，就可以查到概略的資料。具備職務的基本知識是前提，但簡單來說，只要大致了解對方的想法，現場上網查找就好。

與其順從想表現的欲望，嘮嘮叨叨地講解著準備好的高級公寓資料，不如在客戶面前現場查找，向對方提案「如果是獨棟房的話，新店有個不錯的物件」，反而比較符合客戶的需求。

有價値的事前準備

當然，有些人會因爲對方爲自己特地做了事前調查，而感到開心，這種人認爲重視自己的人是有價値的。如果是面對這樣的人，努力做事前準備爲佳。

比方說找工作時的面試。假如公司老闆有在使用社群軟體，就應該把老闆的發文看過一遍。知悉對方喜歡的事物，事前了解，可以讓對話比較好進行。

如果老闆非常討厭國外，詢問「貴公司有打算到海外發展嗎？」這種沒搞頭的問題，只會讓老闆心情不好，反而暴露自己沒做功課，這種提問一點意義也沒有。

爲了避免投出明顯的壞球，有時事前調查對方的資訊也是必要的。

看穿對方是S，還是M

把人粗略區分為「S」和「M」兩類，在預測對方的言行舉止時會容易許多。

就一般印象來說，虐待別人會感到愉悅的是「S」，被虐待感到愉悅的是「M」。但我用自己的定義來分類則是，為別人付出而感到愉快是S，接受別人的付出感到愉快是M；接受僕人伺候的主人是M，伺候主人的僕人是S。

從這個定義可以發現，經常發脾氣、威嚇別人、想往上爬的人其實是M。為了滿足把別人踩在腳底下，讓底下的人敬畏自己，或是想從部下那裡獲得好處，所以爬到上方的位置，也就是接受別人付出的人，都是M類型。

對任何人都很親切，想為別人付出的人，則是S類型。

比方說，霸道的胖虎、狐假虎威的小夫，他們都是M類型的人。思考為對方做什麼會對那個人有價值，就這定義上，哆啦A夢是S。而大雄應該是M，溫柔的靜香則是S……

哆啦A夢的電影，最高潮的地方就是大家統統變成不求回報的S，各自大展身手。我們或許可以說，人在期望獲得回報的瞬間就會變成M。

我認爲對付出感到有價值的S類型是少數。S的人雖然容易做出跳脫常識、非常古怪的行爲，卻不渴望得到大家的理解，S的人不在意周遭的期望和評價。

「我認爲這樣做就對了」，這種想法是S的特徵。躍躍欲試的感覺超越了一切，因此面對未知的事物，他們的好奇心勝過恐懼。

相對於此，大多數人是M類型，「這樣大家比較可以接受，所以應該這樣做」，像這樣迎合周遭的期望而行動，在意社會對自己的評價。可能因爲態度消極，因此面對未知的事物，恐懼勝過好奇心是他們的特徵。

給予S好奇心，提供M安全感

假設有人提出一個過去從未有人做過、不知道能否成功的提案。

而有決定權的人大致可分爲兩種類型，一種是面對提案感到有趣，反應積極的人；以及覺得提案太天馬行空，反應消極的人。

前者是S類型的反應，後者則是M類型的反應。出現未知的事物時，S因爲充滿好奇心而容易上鉤。

M類型的人則因爲恐懼大於好奇心，容易退縮。也就是說，只要弄清楚對方是S還是M，就比較容易預測哪種企畫可以抓住對方的心。

針對S類型的決定者，提出從未見過的新點子、具挑戰性的企畫，通過的機率相對高。

相反的，對於M類型的人，提出已有實績、打安全牌這種有安全感的企畫，有較高機率能獲得青睞。

比方說，要為某人創立粉絲後援會，針對S類型的人提案：「一般的後援會，如果是藝人，會費大多是一年一千五百元左右，但我們來創個會費三萬元的後援會吧！三萬元雖然有點驚人，但只要提供符合三萬元的服務，粉絲會願意支付吧，說不定可以因此孕育出有趣的商機呢。」這樣說，S類型的人會很開心。

面對M類型的人：「一般行情是一年會費一千五百元，所以會費不超出這條線比較好。大眾普遍認為會費一千五百元是理所當然，因此一旦出現差異，大家就會開始討論差在什麼地方。所以會費就依照行情吧。」這樣提案對方一定會很放心。

化不可能為可能的賭博話術

我自己在推銷網路企畫的業務時，對於捨不得給經費的客戶，經常用這種說法說服他們。

「我認為這個案子可行，但是您可能覺得不行。所以，不成功的話我就不收製作費，成功的話請支付三倍的價格，您覺得如何？」

我這樣一說，很神奇的，對方都會用普通的製作費下單。提案聽起來像在賭一把，但只要最後對方支付了製作費，案子也成功，便皆大歡喜。

歸根究柢，雙方對成功與失敗的預測本來就不可能一致，因為就算我擁有再多支持案子能成功的證據，對方也未必認同。即便鉅細靡遺地說明什麼樣的人在什麼情況下會喜歡什麼東西，對方可能也難以相信。因此這時，下賭注來說服對方比較快。

比方說，「少女遊戲」是一種充滿各式美男子角色，專門給女性玩的戀愛遊戲。剛推出時飽受批評：「那種東西怎麼可能賣得出去！」

但事實上，池袋有個名叫「少女之路」的「腐女聖地」，代表喜歡那種美男子商品的女性確實是存在的。若沒實際去看過的話，還眞不知道有這種地方。因爲不知道喜歡美男子商品的人是什麼類型，也不知道他們的可支配所得有多少，所以就容易做出「怎麼可能有人會買那種東西」的推測。我們也不可能將批評的人實際帶去現場。

這時，就可以說「讓我們來賭賭看誰對」，也就是利用賭博話術的效果。

重點是必須在有其他人在的時候提出。周遭人對提出賭注的那方，評價會比較高；拒絕下賭注的那方，大家會覺得他是因爲沒自信才不敢賭，而評價較低。所以這時，當事人就會在意周遭的評價。

不過，當背後沒有「少女之路」這個事實存在，自然無法使用賭博話術。所以，不能只憑主觀的看法下賭注。

證據不足的時候，我會用這種方式提案：「我不知道是否會成功，先推出一個實驗款式，試試水溫怎麼樣？」

比方說，想推「少女遊戲」卻沒自信的時候，我會這樣提案：

「用極低的成本試試看，看有多少人會來網站瀏覽。如果在不做宣傳的情況下，能吸引到一千人以上的話，那麼只要做宣傳，就有機會吸引十倍、一百倍以上的消費者。所以我們先確認，這樣的遊戲能否吸引到一千人。」

嘗試創造獲得新事實的機會，對經營者等有決定權的人來說也有利。

分析抓住人心的要素

現在網路上有很多獲得遊戲公司許可，長時間轉播遊戲實況的節目。我曾經參與線上影片分享網站首次直播「黑暗靈魂」這款遊戲的實況企畫。

當時因長時間播出將花費太多預算遭到反對，那時我這樣說服反對者：

「大家不是都會看馬拉松比賽或車站接力賽嗎？我覺得那個其實一點也不有趣，但有些人會產生因為看了很久，所以要把它看完的心理，因此節目時間越長誘因就越大。那些人一旦收看了節目，播得越久就會越想看到最後；節目時間越長，能夠吸引到他們的機率就越高。所以長時間節目所吸引的觀眾，會比正常時間要來得多。」

過去在網路上，不曾有過這種長時間播放的節目，因此嚴格來說，沒有事實可以作為依據去說明。

而這個思考方式就是用馬拉松賽或車站接力賽，來證明有我所說的結構，讓大家明白網路跟現實社會有相同的現象。結果企畫很成功，也證明我的假說是正確的。

看人跑步一點也不有趣，但我們會想看人爲了達成目標拚命努力的樣子。當我們看到他人努力的樣子，便產生了情感、想知道最後的結果如何，所以才能夠長時間一直看下去。只要不是那種看了就討厭的人出現在螢幕上，拚命、努力的身影總會吸引人的目光。

人的興趣、嗜好其實都差不多，沒有那麼複雜，因爲我們總是對相同的事物產生興趣。

以具權威性的代表案例佐證

創立線上影片分享網站的時候，我經常用太陽劇團爲例子向大家說明。

太陽劇團相當知名，不太會聽到有人問：「太陽劇團是什麼？」比較可能聽到：「我看過『KA秀』。」因此我就以我們也要讓網站的知名度像太陽劇團那樣響叮噹，來切入主題開始說明。

太陽劇團的表演，舞台中央會有好幾名表演者，舞台上方也有高空鞦韆的表演者，一個場景不太會只有一位表演者。

如果是超大場面的秀，即便表演者都集中在中央，打上了聚光燈，表演也不會只有一處，而是同時發生於多處，所以只看一次無法看完整。

所以觀衆總是會說「下次要看這裡」「下次要看那裡」。

線上影片分享網站的結構跟太陽劇團一樣，不多看幾次便無法掌握全貌。我們有影片，也有評論，不好好把影片完整看完，就讀不懂評論，也寫不出評論；只讀寫評論的話，則無法好好把影片看完。

所以，原本只要看一次就結束的無聊影片，會不知不覺看了好幾遍。

也就是說，寫了評論就無法專心看影片，必須重新再看一次，因此觀看次數很可能比其他網站來得高。

大家多少會覺得太陽劇團是個品牌，我身邊沒有人會說太陽劇團有夠無聊，實際上應該很少人會否定太陽劇團吧。

我不是單純地說「我們的網站同時做了這些事情」，而是提出了「太陽劇團」這種形象華麗非凡的例子，然後肯定兩者的相同之處，令他人難以否定。

也就是說，討論在不知不覺中會變成，否定我們的網站就等於否定太陽劇團，使否定的難度變得很高。

利用價值感提高說服力

想說服他人的時候，當我們從對方認爲有價值的東西當中，選擇相似的來佐證，

對方就必須否定自己認為有價值的東西才能否定我們，這樣說服便容易許多。

問題在於，對方認爲有價值的東西是什麼?比方說，假設我穿了件蠢T恤，被別人說「這件T恤好蠢喔」，當我說「但這法國製的耶」，對方就掉到我的陷阱裡了。除了很懂時尚或時尚業界的人，一般人想否定法國在時尚界的地位相當困難。

也就是說，雖然對時尚似懂非懂，但說出法國製商品很蠢的人，只會讓自己陷入贏不了的辯論當中。雖然，的確有些法國製的蠢商品賣得很好。在表明「法國製」的瞬間，我讓對方成爲好像不懂時尚的人。

讓人難以否定的意見有很多，巧妙地使用有助於在爭辯時取得有利的地位。

比方說，大多人對進口貨沒抵抗力。在IT界，蘋果或谷歌的地位崇高，因此IT人很難反駁「這是谷歌某某研究中心使用的系統」，會覺得如果谷歌都在用的話，應該很不錯。

用爭辯說服人只是二流

說服別人時，如果落到必須爭辯的地步，其實並不聰明。換句話說，**誘使別人順著自己的想法去思考，讓對方以爲是自己想出來的**，才高明。

比方說，我經常推薦朋友買書，我向對方說明有趣的地方之後，朋友就會跑去買。

那是因爲朋友聽了我的話後感覺很有趣，想買來看看，絕對不是因爲「不想買」對上「這本書很有趣一定要買」這種辯輸贏的結果。

「這本書說了這些這些，是不是很有趣？」「嗯，感覺不錯耶。」讓對方處於這種放鬆的狀態，對話才好進行。因此當對話走向劍拔弩張，必須到爭辯才能服人的地步，只是二流。

聽說在心理諮商界有句話：「被感謝的心理諮商師是二流。」

亦即，患者跟諮商師聊了心中煩惱後痊癒，而被患者道謝的諮商師，僅為二流。要讓患者歪頭想不透：「明明沒有什麼好講的，我為什麼要來這？」卻又再次上門看診的諮商師，才是真正的一流。

我認為說服人的方法也是一樣，當說服走到辯論的地步，便是二流。

這就像帥哥對女人說「買這本書」，女人馬上會買；男人如果被美女拜託，大部分男人也會買單吧。所以我認為，用爭辯擊倒別人，只能算二流。由此來看，我也沒什麼了不起。

我可能不太擅長不著痕跡地讓別人按自己的想法行動，如果可以做到那樣，根本就不需要像這樣討論各種辯駁的技巧了。從必須磨練讓人會自己想買書來看的技巧來說，基本上我不是帥哥，是肥宅。

善用「數字」這項武器

不擅長就事論事、容易感情用事的「大型小孩」其實很多，這類型的人會重複犯下同樣錯誤、無法接受被指出錯誤、無法做簡單的計算。

其中無法做簡單計算的人不在少數。比方說，公司營運的經常成本，是任何人都會做的算數問題，卻有很多人算不出來。

針對網站的宣傳企畫，專案負責人說需要多少的預算後，當我針對事實詢問：「所以之後還需要多少預算做宣傳？需要把回收期延到多久之後？經常成本會因此增加到多少？這樣幾年後的利益會是多少？」明明不需要任何解釋、任何人都算得出來的東西，卻沒什麼人回答得出來。

爲什麼這麼多人不計算呢？我認爲是因爲我們對數字並不嚴謹，**往往不需要用數字說明，對方就能接受**。

反過來說，可能是我們從數字感覺不到說服力。其中最具代表性的，就是對南丁格爾的理解不足。

南丁格爾爲什麼偉大？談到南丁格爾，可能一句「她是溫柔的護士」就結束了。但簡單來說，南丁格爾其實是統計學的先驅。

在十九世紀後半的克里米亞戰爭期間，南丁格爾實際探訪戰場，做了圖表證明戰死者當中，因不衛生的環境帶來傳染病而死亡的人，比因戰爭負傷而死亡的人要來得多，並說服高層必須改善衛生條件，針對醫療站的環境進行改革，因此提升了負傷者的生存率。

也就是說，南丁格爾眞正的成就是統計。因爲無論她再怎麼說明，高層也只會說「女人的話怎麼相信」，既然如此，南丁格爾乾脆用數字證明，並前往現場蒐集數據。而我們卻以爲她只是一個溫柔的護士。

在說服人的時候，其實很少有東西能贏過數字。數字明明是很好的武器，卻因爲不用數字也能達成目的，所以大家就不怎麼使用。

數字就在那裡任你取用

前面介紹了長時間播放遊戲實況的企畫案例，那時我也使用數字做了簡單的說明：「假設節目一個小時有一萬人收看，若做成四十八小時的話，不就會有四十八萬人觀看了嗎？」「如果一個節目吸引了四十八萬人，大家豈不會很吃驚？還可以發出正式的新聞稿呢。」

預測的數字不需要百分之百準確，大概就好，只要讓人覺得差不多就夠了。

「如果目標客群是這種類型的人，大概可以吸引到多少人？有多少人是因爲看到宣傳通知而來的？在這個時間，大概有多少人會收看？」像這樣，在商業場合對數字有點概念，只有加分不會扣分。但如果是藝術家，數字可能會造成妨礙。

順帶一提，我使用的數字都是網路上蒐集而來的資訊，並非運用獨特技術得來、只有我自己才知道的。

也就是說，我做的事情大家都會，只要放下對數字的恐懼，用數字服人其實沒有那麼困難。

有技巧的說謊

可以在面試時說謊嗎？我認爲可以。

面試是介紹自己的場合，因此對擅長做簡報的人來說，本來就比較有利。也就是說，面試跟本身的能力高低沒什麼關係，原本能力等級只有三的人，擅長簡報的話可以把等級說成七，讓自己看起來比較優秀。

學生時期的簡報能力佳，在商務場合可能未必適用。所以很會說話的學生其實沒什麼了不起。

如果是爲了進某間公司而說謊，只要編出面試官找不出破綻的謊言，撒點小謊也沒什麼關係。

公司可以調查學生簡報內容的依據是否爲實，但一般不會那麼做。面試官可能是眞的被騙，或學生的話術讓人相信是眞的。總之，這也只是社會新鮮人就業等級的面試。

但如果我是面試官，當對方扯謊扯得太明顯時，我會緊迫逼人地追問。

另外，搭訕技巧好的人，在工作上也很吃香。因爲他們即便被發現在說謊，也不會在意，有很強的心理素質，因此一點也不畏怯跑業務。

我也認爲，很會說謊的人擁有相當程度的能力。說實話很簡單，因爲只要把發生在自己身上的事情說明清楚就可以。

但是說謊的時候，必須確保故事的完整性，以及牢記對誰說了什麼。在那種情況下，事實反而是絆腳石。

只要忘掉事實，熟記自己編造的故事就好，但人多少記得事實，因此會陷入腦中同時出現兩種不同故事的狀態。所以必須要有切換鍵，針對不同對象說不同的話。能做到這樣的人，應該很有能力吧。

我很不擅長說謊，因爲我記憶力不好。即便說了謊，也會因爲記不得對誰說了什麼，而失去故事的整合性，馬上露出馬腳。

商務場合容許說謊的例子

不擅長說謊的我，有時會爲了案子撒點小謊。

比方，A說：「如果B加入那個計畫，那我也加入。」然後B說：「如果A說算我一份的話，那我也加入。」也就是A、B都對計畫有興趣，但兩人都尙未確定是否加入。

像這種情況，我就會說謊。我會對A說：「B說要加入。」對B說：「A要加入。」

即便兩人都說：「那我也跟了。」就結果而言，兩人的判斷並未出錯。

如果當計畫結案，謊言被發現時會怎樣呢？

A、B兩人都說跟了，也實際參加了計畫，所以A期望的條件跟B期望的條件都滿足了。從結果滿足條件這點來看，我並沒有說出違反約定的謊言。

也就是說，只要計畫成功，謊言對兩人一點壞處也沒有，這種謊說了也無妨。

亦即，讓整體狀況順利、無障礙才重要，如實傳達或說謊，沒什麼太大的關係。

因爲結果就是一切。

相反的，持續說「計畫絕對會成功，請務必加入」，結果卻以失敗告終的話，這樣誠實一點意義也沒有。

順帶一提，如果A、B兩人明明都說「我才不參加」，卻撒了兩人都說要參加的謊，之後會因爲故事沒整合性而爲計畫帶來麻煩，這種謊言還是不要說比較好。

說話時想像居下位者的未來

隨著我在ＩＴ業界越來越資深，被瞧不起的情況減少很多。但基本上，我跟任何人說話都很有禮貌，因爲我們不知道對方何時會爬到高處，也不知道他人何時會成爲路上的障礙，所以即便面對年輕人或女性，我講話也不隨便。

記得自己十年前曾被瞧不起的人，不在少數。我實在不想在十年後遭到報復，所以說話時盡可能有禮貌。

不少男性總是自以爲是地用暱稱叫公司的女同事，我常常覺得，如果那位同事出頭天了，「看你該怎麼辦？」所以不分男女老少，我都用「先生」「小姐」稱呼對方。

只不過，如果大家都用暱稱來稱呼某人，只有自己用「先生」「小姐」很不自然，所以視情況我會改變稱謂。

我基本上不與女人為敵、不跟女人起衝突，被女性討厭一點好處也沒有，因為女性跟男性相比，感同身受的能力較強。至少就我個人的經驗來說，如果做了什麼不好的事，在女性網絡中很快就會「黑掉」。

與女人交惡，還能經營好公司的人很少。雖然現在還是有些人信奉男尊女卑，但這種人越來越難以在社會上立足。如果是公司創辦人這種不需要在意內部評價的人也就算了，對於尊重女性，普通管理職絕對不可掉以輕心。

那些信奉男尊女卑的男人之所以無法升遷，或許是因為女人比男人來得團結吧。

第四章

對付難搞之人的招數

拆穿謊言的詢問技巧

想在爭論中勝出，關鍵在於你的個性有「多糟糕」，但在商務場合，我並不常使用挑毛病的方法。

但是對方說謊時，我會緊迫逼人地追問。因爲常常說謊，會讓人不知道什麼話可以相信、什麼不行。

比方說，團隊有成員偶爾會在開會時說謊，我每次都必須確認那個人發言的眞僞，這很耗費成本，所以我不希望說謊的人出席會議。會議的基本前提是，以事實爲依據討論，所以不知道就說不知道，報告零進度比說謊好。

跟在報告上扯謊的奸巧聰明人相比，一點幫助也沒有的老實傻瓜好多了。

捏造虛有事實的人很多，我也深受其害。比方說，會議資料中寫著「某計畫的瀏覽量是○○」，資料的數字比實際數字高。而瀏覽量是越高越好，所以會讓人以爲「這個計畫因爲實行這樣的策略成功了，所以運用這方法可以讓瀏覽量成長」，謊言會誤導思考的方向。

如果對方如實以告，當然不會發生誤判，或許能得到新的見解去改變方向，放棄原有的計畫，改投資另一項計畫。一旦受騙上當，錯誤的想法層層累積，會帶來大麻煩。

說話喜歡誇大膨風的人不少。聽信別人說的謊話，也跟著到處亂講，最後發現是謊言，卻因為無法向人一一說明自己之前說的其實是假的，最後變成大話精的情況也很常見。

要掌握對方說的是否為眞，只能讓當事人拿出證據或自行調查，但還是有辦法分辨說謊與不說謊的人。

「因為不想被罵，所以說謊」「想被稱讚，所以說謊」有這類高度認同需求的人，是屬於經常說謊的類型。

反過來說，**對工作沒有執著的人不會說謊**。

一天只工作八個小時，一下班就趕快回家，或是工作越輕鬆越好、不用工作最好，像這種人根本就沒有撒謊的動機。業績不好看就道歉，直截了當，因此我比較信任這種人說的話。

對大話精要咬住細節不放

對於那些不知道哪些話可以相信的人，我會貼上可疑的標籤。業務說話大多會灌水，所以我經常問對方一些問題後，抓住一個地方窮追猛打。

「你說的跟這個不吻合，是怎麼回事？」或是「這跟你說的不一樣耶？」不動聲色地拆對方的台。

經常有人喜歡吹噓自己的經驗或實績，碰到這種人我會詢問細節：「具體來說做了什麼？」

若對方可以提供進一步的細節，便是值得信任的。

然而，無法提供細節的人，我會追問：「怎麼了嗎？」對方就會自己招供：「那其實是別人做的。」

擅長說謊的人最讓人頭痛，因爲他們說謊臉不紅氣不喘，他們自己也相信那個謊言，在心中謊言已經成爲眞實，所以對說謊沒有自覺，光明正大地說胡說八道。

相對於說謊高手，不擅長說明細節的老實人，一旦被追問，明明眞的是自己做的事情，卻會回答得支支吾吾、語無倫次。

所以，我不會光看對方說話的方式或態度，也不會以此作爲他人說謊與否的根據。

比方說，假設有人吹噓自己蓋了一座風車，我會先在心裡思考建造風車最困難的地方，可能是如何取得製作軸心的木材，取得後又該怎麼運送等。

想好之後，開始詢問對方建造的具體過程：「木材是怎麼砍伐來的？」「用什麼樣的工具？」「怎麼運過去的？」

如果對方眞的蓋了一座風車，即便講得七零八落，也能夠確實回答細節。相反的，即使對方能言善辯，回答卻牛頭不對馬嘴，就可以判斷這個人應該是在說謊。

我個性很差，喜歡戲弄說謊的人。假如對方說謊，我就會要求他提供證據，丟各種球看對方會有什麼反應，直到確認他眞的是在說謊。

這時，很多人會說自己是「搞錯」而不是說謊，用這種方式耍賴。如果耍賴，就很難把對方逼到盡頭。

例如，當有人報告計畫賠錢，你可以問：「賠錢？那可以讓我們看詳細的數字嗎？」對方可能回答：「我不記得確切的數字。」這時再繼續問：「如果你不記得確切的數字，那怎麼知道是賠錢呢？」對方就會回：「啊，我搞錯了。」然後拿出其實是賺錢的數字。

這就是他在裝瘋賣傻。充滿惡意，大氣不喘地說謊、耍賴的人，你很難判定他是否在說謊。說謊的人得逞之後，可能會心想還好沒被臭罵。

只不過，那種人下次也有可能做同樣的事，必須特別注意。要提防這種人，隨時保持警惕。

殺手鐧②用提問確認──「〇〇〇是什麼意思？」

挑毛病，是談話性節目的附屬品。

重複前面說的，爭論本身其實是一種娛樂，因此以我個人來說，被挑毛病沒什麼大不了，但有些人卻會暴怒：「不要再挑三揀四了！」

只不過，即便是雞蛋裡挑骨頭的問題，若無法好好回答，表示主張的基礎並不穩固。

有些人無法向沒有相關知識背景的人好好說明，我覺得很有可能是因爲其本身對事物理解的程度也不高的關係。

如果對議題有一定程度的理解，只要把知道的事情搬出來講就可以。所以不懂的人跑來挑毛病，其實沒必要生氣，應該好聲好氣地簡單說明。

雖說如此，有些人對議題的理解恐怕僅限於專有名詞，不說明前提，故意用一堆專有名詞展開討論。

比方說，什麼是大數據？能夠好好回答的人出乎意料地少。明明只要回答「統計」就可以，卻有很多人無法說清楚。

「大數據這個名詞好像很厲害，跟過去的統計學一定有什麼決定性的不同」，大家可能像這樣產生誤會，而無法說明清楚。答案其實只是：「大數據基本上就是統計，差在大數據這個統計法運用了大量的數據，所以跟過去的統計法相比準確度較高。」

所以，即便是我知道的專有名詞，偶爾也會故意問：「那到底是什麼啊？」也不是想去挑人毛病，因爲即便明白概念，但有些人很會說明，有些人則不擅長，我只是想知道對方會怎麼解釋、屬於哪種類型而已。

比方說理工科型、不擅長說明的人，他們在大腦裡使用符號理解概念，但是卻不擅長將符號轉換成語言來說明。

話語的解釋因人而異，每個人有自己的定義。

例如，「那個人是怎樣的人呢？」若對方回答「天資聰穎」，如果弄不清楚「天資聰穎」跟「頭腦聰明」有什麼不一樣，就不清楚對方說的「天資聰穎」究竟是什麼意思。

如此，「那個人是怎樣的人」的問題，就問不出答案。不是頭腦聰明，而是天資聰穎，兩者之間的差異一定有什麼意義吧。

這種你問我答的過程是一種「確認作業」，不是挑毛病。進一步來說，若不確認「頭腦聰明」究竟是用於何種語境，便無法展開有邏輯的爭辯。

一般來說，不重要的內容隨便聽聽就好。不過一旦進入爭辯，我就會追究細節：「為什麼你現在要用不同的詞彙呢？」「那個詞跟這個詞有什麼差別？」

大部分的人都覺得很麻煩，不會一一確認，但是我喜歡問問題，也喜歡挑人毛病，所以這樣的確認作業一點也不辛苦。

挑毛病可預防受騙

在商務場合，這種確認用語的作業其實相當重要。

比方說，有業務為推銷自家商品，前來拜訪介紹時，前一句說「我們公司主要業務內容是……」，後一句卻變成「我預計推展這樣的計畫」，突然改變主詞。

有時可能只是搞錯，但有時也有可能是對方在宣傳個人意圖，而非公司眞正的經營方針。

有時說錯話可能是無意識中說出了眞實的想法。所以我會追問：「咦？爲什麼現在主詞從我們變成我了呢？」對方可能會回：「其實我剛才說的東西，公司尚未認可……」因此獲得眞相。

聽業務做公司簡介，是爲了了解對方是什麼樣的公司，如果錯把個人意圖當作公司的經營方針，可能會在判斷是否交易時發生誤判。因此在商務場合，挑毛病其實有其重要性。

這樣對付看似無邏輯的人

這社會有很多情緒化、判斷毫無邏輯可言的「無邏輯人」，他們會對沒人在乎的小事大發雷霆、對無所事事的人給予重要職位等。

但那種無邏輯的人其實是有邏輯的。

因爲他們判斷條件的優先順序跟我們預測的不同，所以才會看起來情緒化、沒邏輯。而大腦思考是依據某種邏輯運作，所以對他們來說自己是有邏輯的。

有時他們只是無法說明理由。比方說，我們向社長提案「應該炒了那個沒能力的人」，社長卻不同意。如果背後的理由是「因爲那個人是社長的情婦/情夫」，便有可能無法說明白。

因爲不能說出眞相，所以扯謊；謊言聽起來通常充滿矛盾、沒有邏輯。但社長的思考是有邏輯的，而且有優先順序，因爲「我不可以炒了我的情婦/情夫」，所以對社長而言，這個決定很有邏輯，一點也不矛盾。

或者是，某員工明明是優秀人才，社長卻要把他開除，為什麼？周遭的人可能完全無法理解。從他人的角度來看，社長看起來沒有邏輯，但背後應該是有某種邏輯，例如可能因爲該員工長太帥看了礙眼等。

也就是說，問題在於當事人心中怎麼想，眞正無邏輯可言的人，其實相當稀少。所以，碰到看起來沒邏輯的人，只要問清楚原因就好。

可以這樣詢問：「他是優秀的人才，開除他對公司來說應該是損失吧？」如果社長回答：「我想炒了那傢伙，降低人事費。」再問：「比起炒掉那個人，先把沒能力的人給砍了如何？」

只要反覆向對方提問、提案，就可以從回應的內容中，一點一點得到對方言行舉止的線索。

反覆提問、縮小範圍，就可以透過得到的事實，在某種程度上理解對方的邏輯。

社會上雖然有看似無邏輯的人，但可以說幾乎沒有無邏輯的人。所以，容易受別人影響、情緒化、自我中心的人，其實也有自己的一套邏輯。自我中心的人就是因爲無法客觀地說明清楚，所以才無法讓別人接受。

「我就是喜歡這樣」，即便是主觀決定事情的人，心中也有喜好的優先順序，所以他們決定事情是有邏輯的。

因此，跟自我中心的人打好關係、**確認清楚對方的優先順序**，就不會被耍得團團轉。

越難搞的人，越好控制

判斷越主觀的人，越容易陷入孤立，這時只要說「我跟你一樣」，就可以拉近彼此的距離。

比方說，有人因爲討厭某人，也連帶反對某人提出的點子，但是他不會希望只有自己反對這個人，會想增加同伴。

可是對贊成的人而言，「點子本身很好，並不討厭」，如此對贊成的人來說，主觀意識的人就會變成難搞的人。

我認爲碰到主觀的人時，可以直接問他：「你爲什麼那麼討厭那個人？」對方如果回答：「我家的貓被他弄死了。」便能知道背後的理由。

只要不太笨，這種人知道大家覺得自己的判斷不理性，而這時只要對他表達理解，馬上就能拉近彼此的關係。

總之，再怎麼難搞的人，只要有辦法溝通，其實一點也不可怕。

社會上不是有那種被稱爲「歐吉桑殺手」的人嗎？也是同樣的道理，因爲頑固的歐吉桑很容易陷入孤立的狀態，應用上述模式，可以讓頑固的歐吉桑喜歡上自己。所以，歐吉桑殺手才有辦法跟那麼多老人打好關係。

方法聽起來好像很心機、令人卻步，但如果只是純粹想拉近彼此的關係，不妨試試看。

以前，有錢的厲害人物大多爲男性，現在也有很多女性，所以最近也出現不少「師奶殺手」。

很多帥哥都是師奶殺手，每次看到他們討太太們歡心，我都覺得厲害。

首先，師奶殺手打扮得乾淨俐落，讓有錢太太想帶出門，而且隨傳隨到、無微不至，你很難不喜歡上他們。

我比較擅長收服歐吉桑，對歐巴桑一點吸引力也沒有，因爲我既不是帥哥，外型也不乾淨俐落。

不跟怪人瞎攪和

除了公司以外，我偶爾也會跟初次見面的人發生口角。比方說，在餐廳跟其他客人起衝突。

即便無視對方，避開衝突，應該有不少人會因爲當下未能說些什麼反擊而感到不甘心，之後回想起來氣憤不已吧。

我不喜歡累積壓力，所以會在當下回擊。無法馬上反擊對方的時候，我會覺得是無法回嘴的自己不好，因此之後回想起來，也不會特別氣憤。

也就是說，我不會在意對方爲什麼要說那種話，而是分析自己爲什麼回不了嘴。然後調整好心態，下次再發生同樣情況時，一定要反擊回去。

如果是跟怪人起衝突該怎麼辦？不要正面回應，因爲完全沒必要跟怪人攪和。

在餐廳跟其他客人起衝突的時候，輕輕帶過就好：「我聽不太懂你在說什麼，要請店員過來嗎？」

解決客人的紛爭是店員的工作，這樣對方就不得不把矛頭指向店員，而店員也不得不應對。

理解「原來世上有這種人」

雖然我前面用「怪人」這個詞，但其實怪人的言行是否眞的脫離常軌、違反常理，不好判斷。

在這裡生活，你便會以這裡的文化常理，判斷什麼行爲正常、什麼不正常。在其他國家生活，就必須用那個文化圈的常理來判斷什麼行爲正常、什麼不正常。這很理所當然，但要做到卻很難。

比方說，捷運人潮洶湧時，大家會默默地推其他乘客擠上車。但是在巴黎的地鐵，幾乎看不到如此粗魯的人。

以巴黎文化的常理而言，推擠別人屬於攻擊行爲，如果必須推人才有辦法上車，就會選擇等下一班車。若想擠進車裡，理所當然要說聲「不好意思」，請其他乘客空出一點空間再上車。

在巴黎，如果有人用默不出聲、推擠別人的方式硬擠，會被大罵沒規矩。

所以我養成了冷靜思考每一個「常理」的習慣。

我在日本如果碰到在法國是理所當然、但對日本人來說很奇怪的行爲時，會稍微從不同的角度觀察，如此一來就不會因此生氣，而是想「原來也有這種人」，理解後大多可以容忍。

只有一種基準無法判斷是否「正常」

我在學生時期留學美國的時候，也曾體驗過文化差異。

比方說，在日本對年長者必須使用敬語，這是沒有明文規範，但大家都遵守的不成文規定。

但美國沒有那種文化。美國是遵守大家決定好的規範，規範之外的事，你想怎麼做都行。也就是說，在美國沒有人玩潛規則，沒說清楚是你不對，這才是普遍的常理。

我年輕時只體驗過美國文化，那時不懂得從客觀的角度觀察，完全不懂「原來也有這種人」的新奇感覺，所以常常生氣。

對我來說，多虧了日本、美國與法國三個國家的文化體驗，讓我能夠客觀地辨別某現象是起因於一般普遍的問題，還是某種人特有的問題。

想知道正確的時間，只有兩個時鐘是不夠的。當其中一個壞掉時，就無法知道正確的時間，所以必須有三個時鐘。

三個時鐘眞的就夠了嗎？對我來說，看待事物觀點的數量，兩個跟三個的差異已經很大。

把歐吉桑分門別類，各個擊破

想拉近跟大人物之間的關係，有個方法是講話直接、不要客氣，但有時候也可能會適得其反。

很多大人物喜歡講話沒大沒小的年輕人，他們的想法是：「包容蠻橫無理的年輕人，我眞有肚量。」

只不過，也有人認爲私底下說話可以隨便，但在人前絕對不可以沒大沒小。

他們之所以不想被人看到年輕人對自己沒大沒小的樣子，應該是希望無論何時何地都能保持高高在上的形象。

不過，想跟大人物拉近關係，最好的方法就是經常發問：「那是怎麼回事呢？」「像這種時候，你會怎麼做？」

以我的經驗來說，某種程度上成功拉近距離的大人物，大多是看法有趣的人，而我單純只是想問他們的想法，但到最後，他們似乎認爲我是個認眞傾聽的年輕人。

此外，我不只是問問題，有時也會故意去「被釘」。跟我會面的大人物當中，有些人會做好反駁的準備；也有人針對某個主題有既定主張，並對此相當有自信。

這種人會故意把球丟過來，問我有什麼想法，這時我會適時地湊上前去「被釘」。讓對方心情舒坦也是討人歡心的技巧之一。

在狠角色面前要爽快承認錯誤

在大人物當中，有些人反應敏銳、沉著冷靜、極爲理性，當中也有會讓人覺得好像什麼都會被看透，很可怕的人，但跟那種人相處起來反而輕鬆。

理性的大人物不喜歡浪費時間在無謂的事情上，所以跟他們來往不需要拐彎抹角。比方說，如果是習慣學長學弟制的人，會受制於不可不寒暄問候這種無聊事情上。直腸子的大人物沒有那種規矩，對話時便能不受拘束。

跟那種厲害的狠角色說話時，偶爾會被追問自己不想被提及的地方。

這時只要說：「你說得對。」老實承認錯誤，對方就會認爲你是懂得認錯的人，反而得到好處，所以一點也不需要畏懼。

人都想讓別人看見自己厲害的一面，所以會拚命表現自己，也因此很少人會老實承認錯誤。

另一方面，相對於愛表現的人，人比較容易對「示弱者」抱有好感。例如，經常自我嘲諷的藝人，好感度都很高。

就這層意義來說，在理性的大人物面前，不必逞強，所以跟他們在一起很輕鬆。

除此之外，一般人碰到會自我嘲諷的人，反應大概分爲兩種，一種是正面接受，「這個人對我敞開心胸了」，另一種則是提高警戒，「這個人沒問題吧？」

所以在運用策略時，最好先確認對方是什麼類型的人。

小人物歐吉桑

如果是小人物歐吉桑，只要詢問當年勇，誇獎一下，大多可以打好關係。大人物已經習慣被人讚美，所以被捧也沒什麼感覺。

公司裡沒有尸位素餐的小人物歐吉桑，面對他們只要一邊說：「原來你的工作是這樣，好像很辛苦耶！」一邊問出過去工作上的成就，誇讚他就好。

這招幾乎不會失敗。小人物不常被誇獎，只要誇個幾句，很快就會上鉤。

有人可能會問，跟小人物歐吉桑打好關係可以幹嘛？因為我喜歡聽人講故事。

比方說，計程車司機有很多有趣的故事，尤其又以鬼故事特別趣味。「有一次半夜開計程車經過墳墓附近的時候……」，大多數的司機都有這種嚇人的恐怖經驗談。所以我經常從「開計程車是不是很辛苦？」起頭，跟司機打好關係，聽他們講有趣的故事。

只不過，誇獎並不是要你講客套話，而是因為佩服對方，聽對方說話時自然也會提高聲調來回應。

一問一答來回個幾次之後，即使我不問問題，對方也會講自己的故事，進入話匣子模式。

踩到地雷是好事

有些人因爲莫名其妙被臭罵，心靈因此受創，而覺得人好可怕，但我認爲這種人一定覺得自己必須是人見人愛的萬人迷，才會因此受傷。

我本來就對其他人沒興趣，所以也不會想受到大家的喜愛，被討厭就被討厭，我不會覺得人有什麼可怕。

我當然也有很多莫名其妙被臭罵的經驗。比方說，有人因爲電子郵件收件人欄位的順序暴跳如雷，覺得我把他放在最後面太失禮。雖然職場禮儀的書可能會寫到這些，但這其實是很少見的「地雷」，卻還眞的有人因此生氣，我反而覺得驚奇。

既然不知道地雷埋在哪裡，乾脆就到處踩踩看吧。除了重複同樣的錯誤之外，只要不犯下相同過錯，久而久之除了極爲稀有的地雷之外，踩到地雷的機率應該會大幅減少。

如此一來，踩到極爲稀有的地雷時，反而可以當成笑話來看，不是嗎？

我平常不大會做出被罵活該的事，所以那種稀有的地雷，可以作爲茶餘飯後的話題。

從這個角度來看，有沒有聽笑話的夥伴搞不好還比較重要。

每次踩到別人的地雷時，我經常會轉念，想成這可以作爲跟朋友聊天的話題，如此就不會一直把失敗掛在心上。

反過來說，當話題沒有場合、對象可以說，無法切換意念才難受。

總而言之，爲了讓自己即便踩到一堆地雷，也能覺得可以在聚餐的時候說給大家聽，結交能輕鬆談笑的夥伴，或許是最好的地雷因應對策。

如此一來，踩到地雷時反而會覺得「太好了」。

順帶一提，我非常謹言愼行，就算踩地雷也會做到即使爆炸也不會炸飛自己的地步，所以對我來說，被臭罵也沒什麼風險。

我不會煩惱被對方討厭的話怎麼辦，而是會想像被討厭了、一輩子不見面也不覺得困擾的畫面。

也就是說，我會先假定好最糟糕的情況，即便踩到地雷也能不置可否地結束。

被罵是種享受

有些人可能覺得被罵不是好事，但對我而言，在沒有受傷的情況下，觀察發怒的人是種娛樂。我很喜歡看人在會議上發飆，覺得非常有趣。

我也喜歡對生氣的人丟球，看看什麼樣的球會讓對方的怒火燒得更烈或平息。我會故意讓怒火燒得更旺，在心裡笑著觀察。

就算被揍，我也覺得滿享受的。而且如果眞的被毆打，還可以拿到不少賠償金，算是滿划算的。

我以前學過自由搏擊，知道什麼程度的攻擊，會產生什麼樣的傷害。一輩子都不會被揍的人，會覺得被揍好像很痛、很可怕，但其實沒什麼大不了。就像不習慣被揍的人、不習慣被罵的乖孩子，多少會過度害怕被罵或被揍。

我小學的時候，沒有一天不被罵。我經常遲到，每天一定會因爲什麼事情挨罵。被罵是家常便飯，沒挨罵反而會感到不安。

小學三年級有一次在排隊時，我被老師叫了過去，當時我沒做什麼壞事，卻感到非常不安，遲遲不敢上前。

結果老師只是要把隊伍分成兩列。對那時候的我來說，被老師叫到名字，以爲又要被罵了。

但我這種個性並沒有爲自己帶來多大的困擾，朋友也總是笑著看我被罵，沒有因此而跟我疏遠。

也就是說，我從很久以前就知道，被罵沒什麼大不了。

仔細想想，以前在學校被罵跟被揍是一套的。進入社會以後，即便被罵也不會挨揍。小時候我曾經被罰站一個小時，但是在公司就算被罵，也不會被罰站吧。

有些人擔心如果在商務場合被罵，會因此降低自己的價值，或是怕被瞧不起。

基本上，工作的評價是以有無成果來判斷，所以跟過程、態度等其實沒有什麼關係。

只要事前做好布局，讓自己就算失敗也不需要負責的話，即使眞的失敗了，也沒什麼大不了。比方說，做判斷時不要獨自決定，而是「這個人做的判斷」或是「大家決定這樣做」，也就是說，只要明確區分責任範圍，就不會過度遭受責備。

讓自己處於低、又不被看扁的位置

我實在無法理解，爲何有人會對餐廳或居酒屋的店員大小聲，因爲你永遠不會知道，他們在背後會不會朝你的料理吐口水或混入髒東西。所以我每次看到對店員講話高高在上的人，都會覺得爲什麼可以這麼跩，有夠神奇。

吃完再耍大牌還能理解，菜都還沒上就讓店員感到不愉快，實在是無法想像。

不僅限於店家，比方說在公司，有些人覺得謙虛會被看不起，但我反而認爲，被看不起、瞧不起比較有利。大家會覺得你很好相處，能獲得各種邀約；讓別人認爲自己沒有威脅性，才容易得到機會。

工作評價也是如此，當一個能力看起來兩分的人做出八分的成果，等於加了六分；一個看起來能力有五分的人，同樣做出八分的成果，只加三分。讓人覺得「沒想到這麼厲害」、刮目相看的，應該是前者吧。

除此之外，放低姿態也不會莫名其妙被當成對手、遭到忌妒；當別人對自己期望低的時候，也比較不會感受到奇怪的壓力，能抱持輕鬆的心情工作。

雖然一旦被看不起，別人會很容易不尊重自己，或是容易受人擺布，但當有人要你去處理麻煩事的時候，只要狠狠拒絕，莫名其妙的事情就不太會找上門了。

「那個人的地位雖然在我之下，但還是不要隨便亂來比較好。」讓自己處於這樣的位置剛剛好。

所以，雖然我表現得謙遜有禮，但一定會散發「不好惹」的氣息。

比方說，談到別人的痛處或他人口誤時，絕對不要不留情面地攻擊。在對方隱約察覺到時適可而止，不要窮追猛打。

如此一來，對方就會提高警戒，知道自己太超過的話會遭到反擊。

當場不留情面地指出對方的錯誤，會讓人沒面子。重要的是，**讓對方知道「我知道問題在哪，但我故意不說破」**。

舉個簡單的例子，會談結束之後，可以發個郵件給對方：「雖然那時沒說出口，但我認爲那件事情應該是……」私下知會即可。

對人不抱期待就無敵

我其實看不起所有人，所以一點也不在乎被討厭，遭到攻擊時，只有「這樣啊，好喔好喔」的感覺。

說我對人不抱期待或許比較正確。你不可能讓每個人都喜歡自己，也不可能讓每個人都對你有興趣，所以被討厭是理所當然的。

我沒有所謂尊敬的人。爲什麼呢？當然不是因爲覺得自己萬能、除了自己以外皆下品，而是從客觀角度來看，我覺得這世界上不存在讓我敬重的完人。

我們有優點，也有優秀的能力，但完美無缺的完人根本就不存在。世上雖然有能力極爲優秀的人，但沒有全能的人。

我們就跟動物一樣。職場有大老闆跟小老闆，只因對方能力比較強，或對方提供了糧食，就決定了上下關係。社會並非因彼此尊重而形成。

我認爲沒有必要去想對方在上，自己在下。但人常常抱有「幻想」，如果我生來是一頭牛，也不會特別去尊敬其他牛。可能是因爲我對他人總是冷眼旁觀吧。

我喜歡觀察人，但不是因爲喜歡跟人在一起。我是那種就算孤獨一人，也可以過得很快樂的人。別人可能有想受大家歡迎的欲望，但是我沒有，所以總覺得想受歡迎的人很辛苦。

我小時候常常獨自玩耍，人格特質的雛形在那時就已經形成。我在小時候就已經學會，即便沒有玩伴，也可以自己一個人過得愉快。

有哥哥的人，可能會跟在哥哥後面，哥哥說玩什麼就玩什麼。也就是說，人際關係建立之後，遊戲才成立。我雖然有姊姊，但並未形成那樣的關係，所以身邊沒有其他人，也不覺得有什麼困擾，而是感覺一個人很自然。這情況從我小時候就持續到現在。

獨生子女或老大，都是從沒有玩伴的狀態開始人生，這或多或少影響了他們的世界觀。他們應該跟我有同樣的感覺。相反的，老二則經常把別人提供的遊樂視爲理所當然。

在我身邊的朋友當中，一有空閒就提議「我們來玩」的人，有非常高的機率是家裡的老大。也就是說，老大從小就必須學會自己玩，所以很擅長找事情來消磨時間，他們很習慣自己找樂子。

父母過度干涉的獨生子女，另當別論。我父母完全是放牛吃草，所以才形成我這種世界觀也說不定。

讓我們從另一個角度來思考一下。就像希望被大家喜歡卻事與願違，即便想被大家討厭，也不太可能眞的被所有人討厭，再怎麼兇惡的人也有朋友。

也就是說，無須特別去意識想受歡迎，即使過著普通的生活，一定有與人邂逅、遇到夥伴的機會。

只不過，與某人之間的關係一旦設定了目標，例如「絕對要讓這個人喜歡上自己」，狀況瞬間就會變得很複雜。比方說，「我要跟安室奈美惠結婚」，這根本不可能。所以不要想「我只要這個人」，而是「這個人不行的話，就換下一個。下一個不行的話，繼續找下一個……」像這樣，改變對象就好。

有期待就容易受傷害，不如想，不管結果是什麼都不在乎。

爭論時不要玻璃心

我在談話性節目就算被說什麼，也不會因此感到受傷。

爲什麼呢？在商場上也一樣，因爲那些跟我辯論的人不是朋友。

雖然被討厭的確會傷心，但在連木村拓哉也會被討厭的世道，「像我這種人怎麼可能受到所有人歡迎」的想法，才比較正常。

大家小時候一定被某種類型的人討厭過，所以不需要難過，只要想「這個人是討厭我的類型」就好。

而且，與其成爲朋友後被討厭，不如一開始就被討厭還比較輕鬆。比方說，對講究禮節的人，一不小心很有禮貌的相處，兩人的關係開始慢慢變好……兩人要好之後，慢慢的，只要言行開始不拘小節，對方就會瞬間暴怒而離去。所以，一開始就讓對方生氣，彼此不相往來，花費的成本還比較低。

如果兩人之後完全不會再見面，過去拉近雙方關係所花費的時間不就浪費了？

我很常遲到，所以不會跟討厭遲到的人來往。知道我是遲到慣犯之後，馬上拒絕跟我來往比較好。見了幾次面、遲到幾次之後才被斷絕關係，對彼此來說，太浪費中間耗費的時間成本了。

無法把情感與道理分開看的人

把想受歡迎的想法帶進工作、情緒敏感的人，容易受傷而封閉自我。比方說當自己的點子在會議上受到批評時，就會覺得：「因爲別人討厭我，所以點子才遭受批評，難道我做了什麼讓人討厭的事情嗎？」

如果是大人的話，一般來說應該能夠區分在會議上遭受到批評不是針對自己，而是針對意見，所以容易受傷的人可能還是「小孩」。也就是說，只要成長爲大人就好。但小孩要成長到擁有大人的「智慧」，出乎意料地花時間。

小孩不擅長區分情感與道理，以及抽象思考。有些小朋友在低年級的時候就能抽象思考，但要達到一定水準，則要等到小學高年級左右。

比方說教加法時，只說「有兩個蘋果」，幼稚園小朋友會說：「在哪裡？沒有啊！」所以，說「有兩個積木」時，必須在小朋友面前實際擺出兩個積木，然後再拿第三個積木說「加上一個就是三個」。不使用實際的物品來教，小朋友無法理解。

小學低年級的孩子比較能夠抽象思考，雖然不需要用實物進行教學，但還是必須用具體的「意象」來說明，例如兩個蘋果和一個橘子相加等於三。到了高年級之後，才終於只需要「2＋1」這種算式，可以用簡單的抽象算數進行計算。

像這樣，人必須透過不斷的學習，一點一點地累積知識。

那麼，該怎麼跟公司裡容易受傷的人相處呢？

我們畢竟不是幼稚園或小學老師，所以沒有義務幫助公司的同事成長。

因此，盡量不要傷害到對方，「這個好像很難耶」「眞的，好難喔」，像這樣同理對方就好。

憤怒管理法

好像滿多人有無法平息怒氣的煩惱。

無法平息怒氣的狀態就是，當你想改變過去發生的事情，想起「那時候如果這樣做就好了」，並產生憤怒的感覺。

我會在當下反駁，所以幾乎不會出現這種憤怒。此外，我還有個基本原則是，如果有想修改的地方，會立即動手做。爲了避免懊悔，我總是馬上行動。

所以，假如我是公司員工，有什麼想說的話會立即反駁，即便反駁有可能會被炒魷魚也不怕。就算被開除，總有其他方法賺得了錢。

實際上，就算你當下回嘴也不會因此被開除，不憋著還比較好。而且反駁得有道理，讓對方覺得「你不好惹」，下一次的攻擊就會緩和許多。

當發生不愉快的事時，我會去看電影、玩遊戲，沉浸在其他興趣上，不讓自己想起不開心的回憶。

換句話說，也就是讓自己冷靜下來。我們意識著不愉快的事情時，會持續感到壓力，但是沒意識的時候，壓力就會突然消失。此外，長時間處於高壓狀態會產生不良影響，但只要讓壓力歸零，重新開始，壓力就不會作怪。

因此，花時間讓自己沉浸在興趣，不去想不愉快的事情，是平息怒氣的有效對策。

我一個朋友在碰到不開心的事情時，就會跑去洗三溫暖。大概洗十幾分鐘，將腦袋放空，什麼也不去思考。洗三溫暖時會沖冷水，反覆幾次其實滿耗時間的，所以也沒力氣思考。這也是一種讓壓力歸零的方法。

雖然興趣結束後，可能又會不小心想起不愉快的事，但只要有一段時間不去想，壓力就會歸零，重新開始。

有些人會喝悶酒，但藉酒消愁對身體不好。而且在喝酒時，不可能只把注意力放在酒上，這樣只會讓自己無法釋懷，怒氣遲遲無法平息，高壓狀態依舊存在。

雖然喝個爛醉，一覺醒來壓力歸零，但酗酒對身體還是不好，實在不建議。

我幾乎想不起來上一次生氣是什麼時候。我不太生氣，因爲我覺得對別人發脾氣沒什麼太大的意義。

被別人侮辱也不覺得火大，不難過；即便遭到斥責，也不會特別沮喪。之所以這樣，是因爲我比攻擊我的人還要了解自己有多糟糕。我非常清楚自己糟糕的地方在哪裡，所以遭到別人指責時，也只會覺得這我早就知道了，反而會想：「我可能比你想得更糟糕喔！」

殺手鐧③ 用直球達成共識──「請回答是或不是」

我經常用超級直球提問，例如：「是○○對吧？請回答是或不是。」

比方27頁與評論家對談的例子。當調查網路使用者的眞實身分成爲爭執點，爲了讓討論有結論，我就用殺手鐧的直球攻擊：「所以實名者與匿名者的調查成本是一樣的對吧？請回答是或不是。」

相對於「請回答是或不是」的問題，是或不是以外的答案，都會讓討論陷入膠著。也就是說，當人無法回答是或不是的時候，觀看爭辯的人便無法給予評價。

討論無法達成共識，或是對方相當堅持己見的時候，向對方投出「請回答是或不是」的直球，是快速讓前提條件一致的好方法。

第五章

「好想講贏他！」這個時候怎麼辦？辯駁煩惱諮商室

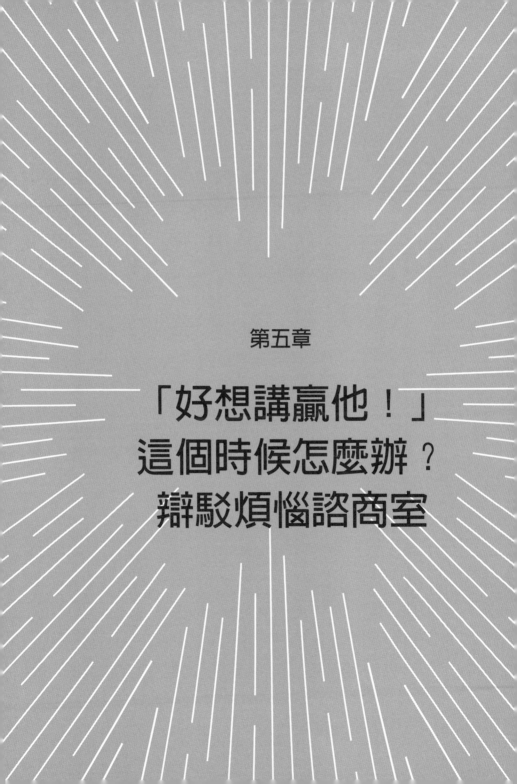

無法在公司會議上反駁上司或前輩、無法說服客戶、明明覺得自己是對的，卻只能撤回意見……很多人因此感到不甘心。

在此讓我們針對工作上常見的煩惱，一起來思考一下相關的解決對策吧。

「偏離主題，開始翻舊帳」

當對方偏離主題，開始翻舊帳時，該怎麼做才好？對方喜歡把過去的事情挖出來攻擊，例如「無法原諒你那時候的態度」「你就是這樣，所以才會失敗」等，然後說他本來就不贊成。每次只要想到這些就會覺得自己很沒用，那樣的陰影無論過多久都不會消失。

在進入爭辯之前，我都會先跟對方說好，不談過去的事情。

過去的事已經過去了，是既定的事實，把過去挖出來講只是浪費時間。所以先跟對方講好，過去的事情就不會被翻出來。

「你以前不是做了這個，做了那個嗎？」翻舊帳也是夫妻常見的吵架模式，只要開始就沒完沒了。一旦開始翻舊帳，就會陷入對方過去做了多少壞事的記憶力競爭。

也就是說，記得越多不快往事的一方越強，而雙方只會越來越討厭彼此。

因此，應先達成把過去放一邊的共識，然後針對現在發生的事情判斷誰對誰錯，「這件事情是我不好，應該道歉」「那件事情不是我的責任」，像這樣進行溝通。

總而言之，溝通時避免翻舊帳、把焦點放在過去的事情上，可以讓人際關係變得更圓滑。

然而當遇到別人翻舊帳時，該怎麼辦呢？因爲**在那個時間點，對方從解決問題模式變成挑毛病模式，這時應暫停討論，提議過一段時間再來談**。

人只要活著就一定會蒙受一些損失，爲了讓人際關係變得順遂，某種程度上我們是忍受著損失在過日子的。

不過，忍耐只會讓「吵的小孩有糖吃」這種討厭鬼橫行。

因此，我有個原則是，即便給人添麻煩，也絕對不刻意請客賠罪。長遠來看，不計算得失有助於維持人際關係。

即便別人給自己添了什麼麻煩、感覺不愉快，我也不會向對方請求賠償。雖說如此，如果對方要請吃飯，當然也是恭敬不如從命。

「被完美主義者搞得心很累」

上司是完美主義者，只要作業有一個缺漏，不論多小的地方，也會嚴苛指責：「你為什麼會出錯？為什麼？」他會對大家覺得一點也不重要、細到不能再細的地方挑毛病，案子不斷被打槍，令人身心俱疲。

這種狀況我只能說眞浪費人事成本。

我在前面提到，維持僱用一位正職員工的成本，一小時大約是五百元，在不重要的事情上發脾氣、生氣，兩人加起來就損失了一千元。這樣說明之後，應該不會有人想繼續發脾氣吧？

如果是我會說：「我明白你的意思。但再繼續討論下去，只是在浪費彼此的時間。把時間換算成時薪大概有這麼多，害公司繼續產生損失的人可是你喔。」

「但還不都是因爲你完成的東西太差，才占用了我這麼多時間。」當對方這樣反駁時，不必畏懼。

只要回應：「對啊，我已經知道重點了，讓我們馬上結束這個話題，回到工作上不是比較好嗎？」

很多人常常情緒化、講一大堆有的沒的，我認爲那眞的是在浪費時間，而且講的都是只要幾十秒就看完的文字內容。

所以，想說服對方不要再繼續爭吵的話，就說「很抱歉，我現在沒有時間，麻煩你寄電子郵件給我」，然後馬上離開現場。

「對方暴跳如雷，找不到機會反駁」

店長很情緒化，動不動就生氣。雖然我也有錯，但是他完全不聽我解釋，道歉也不肯原諒，我覺得很害怕，只能默默挨罵。

這種時候，一腳把附近的垃圾桶踢飛怎麼樣？這一腳應該可以讓對方安靜下來。當你覺得再怎麼道歉也沒用的時候，反過來生氣比較有效。

說明生氣的理由需要一點時間。假如聽完對方生氣的理由，並表達對不起，對方又開始鬼擋牆，是因爲對方進入發洩情緒、壓力得到抒解的模式。

當對方進入壓力抒解的狀態時，你越是順從，對方會越愉快，發洩時間就會拉得越長。

反過來看，當對方遭到反抗，就無法繼續發洩壓力。所以反過來生氣，對方反而會覺得算了，早早離去。

而我經常使用的策略是，討論中若對方生氣，我就會說「不好意思，我上個洗手間」，至少離開二十分鐘。

很少有人在二十分鐘後又繼續生氣，而且也不太可能會追來廁所。

二十分鐘在廁所玩個手機，一下子就過去了。

「把自己的想法強加在別人身上的人」

公司有個前輩總是自以為了不起，常常覺得自己才是對的。他總是把自己的想法強加在別人身上，「想進步的話就應該要怎樣」，不然就是塞一堆我一點也不想看的書說「給我好好讀這本」，讓我很有壓力。

對付這種人，我覺得沒必要拒絕，書假裝有看就好。如果被問看完有什麼感想，隨便回答一下，例如：「我讀了，但看不太懂耶。」

那種愛把自己的想法強加於別人身上的人，暫且不論他說的是否正確、能力好壞，基本上對方是出自「一片好心」，不是嗎？所以我認為不需要有敵意。

因為對方覺得不錯，所以才特地推薦給你，只不過你的想法跟他的期望有落差。所以，如果人家送你一本書，就「謝謝」收下來，之後拿去二手書店賣掉就好。

回擊出自好意的對象，難度有點高。如果對方是惡意攻擊，報復回去相對簡單。但也是有方法可以讓人不要再那麼「好心」，比方說，成為「大嘴巴」。

「○○，你上次不是給我這本書嗎，你覺得如何？」「你上次跟我說應該要這樣做，那你有什麼想法？」對方一有什麼行動，就在大家面前大聲報告，其他人聽了一定會想：「○○○到底想幹嘛？」

當出現這種風評時，對方不論說什麼、給什麼都是風險，相信不久就不敢再多管閒事了。

因此，要避免兩人獨處，在沒有第三者的地方，事情容易變得很麻煩。所以當對方提議去一下會議室的時候，就回答：「我現在無法放下手邊的工作，麻煩直接在這裡說。」避免獨處。

「高層對事情有誤會，一味指責我的不對」

主管針對某個專案的事實有錯誤認知，單方面地指責我不對，我該怎麼做才好？亂反駁會讓主管不開心，對自己也不利，只能悶不吭聲讓我很苦惱。

該怎麼回應，要看你想從中獲得什麼。如果反駁對你不利的話，不要回嘴就好。生活不是在參加學會，追求眞相也不能怎樣。因此，雖然我不知道大家在公司的目的是獲得薪水，還是出人頭地，依照自己的目標行動就好。

只不過，爲避免受到牽連，蒙受池魚之災，應該要做好布局。比方說，在有第三者出席的會議上說：「雖然有這樣的事情，但我不是很清楚，只是跟著做。」即便結果失敗，只要說：「我有提出其他想法，但照上司說的做所以失敗了。」

在大家面前，例如在會議上可能很難開口，因爲要顧及上司的面子。既然如此，跟同事講也可以。爲自己建立「知道自己是持反對意見」的名單，是非常重要的事。

「在電話中被客人辱罵」

在電話中被客人辱罵的時候該怎麼辦？「你沒回答到我的問題」「給我道歉」「一點誠意也沒有」「叫你們負責人出來」，罵聲不斷，我都快生病了。

只要鸚鵡學舌，重複對方講的話，這樣接客訴電話一點也不累。

我讀大學的時候，曾經在電信公司的客服中心打過工。晚上九點到早上九點的客訴電話，不是由電信公司的員工接聽，而是交由承包商聘請的工讀生或兼職人員，所以我接過很多客訴電話。

基本上，打來想解決問題的客人，因為在電話中無法獲得解決，所以只要跟客人說「上午九點之後，上頭的人會跟您聯絡」就好了。

當中也有純粹想抱怨的人，對付那種人只要一邊看漫畫，隨便答道「這樣啊，真的很抱歉」，讓對方暢所欲言，客人就會覺得你有好好聽他說話，便不會有太大的問題。

客訴的人只是希望別人同理自己，所以拚命講。

因此，回話的重點就是鸚鵡學舌，同理對方，客訴人的心情自然會舒坦許多。

站在打工仔的立場，一通電話慢慢應對，拉長時間比較輕鬆吧？無論是哪間公司，客訴電話的應對基本都一樣。認真對付想抱怨的人，只會累死自己，一邊看書也好，慢條斯理地面對就好。

「好心指出錯誤，反被臭罵」
面對指出錯誤卻惱羞成怒的同事，該怎麼應對比較好呢？

不要糾正最好。一般來說，指出別人的錯誤或許是對的，因爲那可以讓對方變得更好，但是對那個人來說，卻有可能只是多管閒事的錯誤行爲。

我應該會冷眼旁觀，放著不管吧。因爲公司同事不是家人，讓別人過自己想過的人生就好。

雖然請對方修正錯誤，可以提升工作品質，增進公司整體的利益，但與其跟對方因此起爭執，不如自己來比較快。

改變他人的行爲是非常困難的事。據說男性過了三十五歲之後幾乎不可能改變，我認爲大概九〇%正確。二十多歲的男性還有改變的可能，但超過三十五歲，就算費盡脣舌，不願改變的人還是不會改。指出錯誤就是浪費時間。

想提升團隊成績的話，若團隊裡有一個沒能力的人，就盡量不要把時間花在那個人身上。

可以用「請加油」之類的話鼓勵他，但不要抱期待、不要去改變他。如果對方眞的做了什麼改變，就當作是賺到了。公司不是學校，沒必要擔任老師的角色，沒工作能力的人放著不管也沒差。

如果沒用的人出錯，使團隊成績變差，讓周遭人知道是誰在扯後腿就好。只要表達：「這個人害案子產生了損失，我們有努力防範，但失敗了。」

所以，留下誰曾經出了什麼問題這種紀錄很有用，可以作爲說服主管把某個人從團隊踢出去的資料。

如果沒有證據證明是誰的錯，公司也無法做出任何處分。

「上司很針對我，對我特別兇」

感覺上司很針對我，對我特別兇，非常不講理，對其他人就沒那麼嚴苛。我該怎麼辦才好呢？

我覺得不用太在意他人是否針對自己。去想上司對別人的態度如何，沒什麼意義。

這個例子可能有點偏頗，比方說一般人普遍認爲「黑道的人對家人很好」，這樣想一點意義也沒有。因爲就算別人告訴你「那個人在家裡是好爸爸」，對你來說也只是「關我屁事」而已。

也就是說，只要從對自己來說是怎樣來判斷就好。黑道就是黑道，討厭的上司就是討厭的上司，其他什麼都不是。

接著，「很兇」也有很多種，比方說講話刻薄，倘若對方說的對自己是好的，也只好想辦法配合。

如果對自己沒有好處，就把性騷擾、職場霸凌等言語記錄下來。「在幾月幾號的什麼會議上，對方說了什麼，出席會議的人有誰誰誰。」像這樣多做幾個紀錄，可以作爲回擊的武器。

也有些人會用陰險的手段，例如「只讓你的提案過不了」。

如果除了上司，還有更上階的人能商量，可以把案子拿去跟上面的人聊聊。若上頭覺得沒意思，只好放棄；倘若上層認為滿有趣的，可以再次向上司提案：「〇〇〇說這個企畫滿有趣的，您覺得如何呢？」

只不過，身為公司員工，若被上司針對，還眞是束手無策。如果跟上司的上司也沒有交集，換工作搞不好比較快。

當評價工作表現的人對自己採取了敵對的行動，在那種狀態下工作絕對沒什麼好事。

若針對自己的人不是上司，而是同事或後輩，即便對方針對自己，只要不是直接被爆粗口，無視就好。

雖然心裡會覺得不舒服、生氣，但基本上不在意就行。

畢竟我們也不是到公司交朋友的，只能去習慣「有討厭的人也不在意」這種處世學。

當彼此為敵對關係時，可能會擔心對方散播謠言，但是**想散播沒有事實依據的「評價」其實相當困難**。要散布有事實依據的負面評價很簡單，因為那不是謠言。

用沒有事實依據的事情製造傳聞，並將之傳給第三者，讓傳聞在第三者之間流傳，若不是非常有趣的事，其實很有難度。所以不需要叫對方住手，無視就好。

如同前面提到，改變他人的行爲是非常困難的事，還是不要抱太多期待。

覺得叫對方住手，對方就會住手的想法，不就是因爲期待對方改變嗎？有期待就代表你對對方多少仍有好感。若彼此是敵對的，期待對方根本沒意義。

在公司內部具有某種程度的敵對關係，其實有助於提升業績。比方說業務部有兩位業務員交惡，業績好的人，評價自然好，所以彼此都努力想讓業績超越對方，相互競爭，最後爲部門帶來整體業績提升的結果。

據說在魚群衆多的水槽裡放進一頭鯊魚，可以延長魚的壽命。有一說認爲，緊張感能幫助物種順利延續生命。

公司跟這種例子很像。也就是說，爲公司內部帶來緊張感的敵對行爲並沒有那麼糟糕，算是延續公司整體壽命的「必要之惡」。

就這個意義來看，在公司裡有討厭的人，也是理所當然。

第六章

增強辯駁力的大腦鍛鍊法

「早知道就這樣說」的處方箋

有些人看了我參加的談話性節目，說我腦袋轉得很快，其實沒有。我的回答並不是當下想出來的，其實套用了某種模式。

我在心中整理了一套回話對策，我只是在爭辯時從中取出一種來使用而已。

常玩遊戲的人應該知道，遊戲中只要判斷猶豫了零點幾秒，就會亂套，假如已經玩了三十分鐘，那三十分鐘都浪費了。對認真玩遊戲的人來說，那種錯誤是很致命的。

跟遊戲世界相比，現實社會的談話性節目或商務場合，判斷晚個十分鐘、一天，結果其實不會有太大的差異，不會因此浪費已經花掉的時間。所以對我來說，現實社會的判斷反而非常好辦。

玩運動的人應該懂這種感覺。

與人爭辯後，覺得「那時應該要這樣講」，或是發現有其他更好的資料可以支持自己的主張是很正常的。

把那些東西應用到下一次的爭論上，下一個判斷就會比之前更正確。所謂的重新修正就是，「遇到這種模式，這麼做可以讓事情更順利」，像這樣創造出新模式的模型。我不會不斷後悔、自我責備，做出浪費時間的行爲。

我是相當樂觀的人。既然在那個場合做了那樣的判斷，之後回過頭來看，也不會耿耿於懷。

比方說，有些人會事後追究：「明明知道第二次世界大戰會輸，日本不應該發起戰爭的。」但我不是這類型的人。

那是因爲戰爭已經結束，才能那樣說。我認爲追究過去的事情沒辦法改變什麼。

不過，這可能跟我不喜歡責備自己也有關係。

讓自己看起來像萬事通的知識吸收法

想增進辯駁能力，莫過於有淵博的知識。我喜歡利用空檔在網路上瀏覽資訊，比方說瀏覽維基百科，常常一個半天就過去了。

看完一個條目的相關條目之後，又看另一個相關條目，一個又一個……不知不覺好幾個小時就沒了，這是個殺時間的好方法。只不過，可能會不小心看了沒什麼用處的資訊。

小時候不知爲何，我家廁所放了本字典，上廁所無聊的時候，我就會一直看那本字典。閒閒沒事就閱讀文字，似乎是我從小的習慣。

就我個人而言，閱讀的基準僅在於有不有趣，有些資訊不但有趣也有用，但有時候也有好玩但沒用的資訊，結果卻派上用場的情況。

我也喜歡看電影，我在法國有電影看到飽的劵，只要有英語電影就去看。所以我看了非常多電影，連那種不用錢也不想看的無聊電影都看。

我純粹只是喜歡看電影，結果卻帶來了許多幫助。在網站的企畫會議上，「有一部這樣的電影，這部電影因爲這樣做所以成功了」，像這樣我能夠舉出有趣或不有趣、成功或失敗的例子。

就算是普通的上班族，不只看電影，大量吸收資訊絕對有好無壞。什麼資訊對工作有幫助，必須視深入的程度而定；無法判斷資訊是否能派上用場，也是當今商場的特徵。

由此來看，有意識地持續吸收資訊很重要。

對能言善辯的人保持觀望

川普擔任美國總統之後，「假新聞」開始受到關注。爲避免受到假資訊操控，該如何分辨値得與不値得信任的資訊呢？

我以前看到新聞報導指美國的飲水大賽，有參賽民衆因水中毒而死亡。我覺得這是騙人的，所以做了實驗。我兩個多小時喝了二．七公升的水，覺得實在太蠢才中途放棄，後來得知那位參賽者喝了七．五公升的水而死亡，讓我有點毛骨悚然。

健康類的資訊五花八門，因此只要是未經學會證實的資訊，我都不相信。偶爾會有奇怪的醫師倡導奇怪的理論，當該理論在學會的評價尚未定論，我便會「觀望」。

這是很久以前的事情：一開始我就覺得造假的萬能細胞ＳＴＡＰ很可疑，只不過我無法斷言那是假的，所以保持觀望的態度。

我現在仍然在觀望，因爲小保方研究員對於ＳＴＡＰ細胞的論文是假的，但是卻無法證明ＳＴＡＰ細胞不存在。這就是所謂「惡魔的證明」，證明不存在的難題。

也就是說，小保方研究員的主張「ＳＴＡＰ細胞是存在的」，在某種程度上有可能爲眞，所以不能說是假的，因此不得不選擇觀望。

有時即便不需要專業知識，只要觀察誰支持了什麼主張，就能夠輕鬆判斷是否可疑。

比方說，理化學研究所跟小保方研究員屬於相同組織，即便他們懷疑小保方的主張，也可能跟著支持；但是跟小保方完全沒關係的研究團隊反覆實驗，卻無法製出ＳＴＡＰ細胞。如果與理化學研究所無關的團隊發表成功聲明的話，ＳＴＡＰ細胞存在的可能性就很高了。

容易成爲「共犯」的人，即便再怎麼支持也無法成爲有力的證明，所以我們最好持觀望的態度。

倘若無利害關係的第三者對此做出強而有力的評價，或是有人背負著誤判會傷害名譽的風險也願意支持的話，姑且相信倒無妨。

如果判斷錯誤，就用「那個人弄錯，讓我也搞錯」之類的藉口，大家也只會覺得無可奈何。

也就是說，當某個現象能跟風時，便可解除觀望的態度。就那層意義來看，研究學會是一個重要的判斷基準。

其實我對於科學新發現的觀望率很高。比方說，量子電腦在加拿大開始有商業應用，在日本也有大學老師運用雷射光提高量子電腦的運算速度。雖然量子電腦逐漸走入應用領域，但我還沒聽說過有什麼突破性的運用，所以將之列為觀望。因為量子電腦雖然可以運作，但應該尚未達到實際應用的階段。

「宇宙是如何開始的」「人類為何誕生」之類的問題，是大家從小就有的疑問，但針對這些疑問的答案都只能保持觀望，至今也沒有任何人有正確解答。

人其實根本無法掌握世界的森羅萬象，這應該作為大前提。也就是說，對社會的眾多現象與事物，都必須持觀望的態度。

依據事實討論非常重要。對一知半解的事情發表評論，會讓人覺得可疑，因此主張遭到推翻後，只會留下不堪的回憶。

所以，利用「雖然現況是○○，但今後可能會改變」的說法，為自己留點後路很重要。

不知道的事就說不知道

大家在討論時，應該有因爲沒有相關知識而插不上話的經驗吧，但不必因此覺得可恥，不知道就說不知道。「你竟然連這種事情也不知道？」就算被看不起我也不在乎，只要開口問：「孤陋寡聞眞抱歉，請問〇〇是什麼呢？」

我算是寫程式出身，對於「連這個都不知道也太糟糕」的基礎知識，大致上都有所掌握，但我無法說明最新程式語言是什麼。

因爲我沒摸過所有的程式語言，遇到不懂的程式語言時，我會冷靜地說「不好意思，我不知道」，當場問人。

有些人會先假裝知道，之後再仔細調查，但我很懶，都是當場跟人請教，因爲我也不是那種努力逞強說謊的人。

也有些人對無知的自己感到羞愧或丟臉。有些事是自己知道但對方不知道，也有對方知道但自己不知道的情況，這很正常，不是人人都萬事通。

我反而認爲不知道社會普遍流行的東西比較有利。因爲不知道大家知道的知識，問人就好，一點也不必煩惱，畢竟知道了也不會提升自己的價値。

唯有知道大家都不知道的知識，才能提升自己的價値。

在了解特地查找、記住大家都知道的事情是浪費時間後，便可以把時間用在調查、記憶其他事情上，這樣才是有益的。

雖然不可能有只有自己知道的事情，但只要掌握一般人不知道的資訊，比方說小衆遊戲或電影等，別人就會誤以爲你懂得眞多。

也就是說，知道越多冷門知識，越能營造出知識淵博的樣子。因爲被別人問「你喜歡什麼電影」時回答「《哈利波特》」，很容易被認爲不太懂電影。

從專家身上可以聽到有趣的事情，而從什麼都只知道一點點的人身上，只能得到老掉牙的東西。

輸了比賽，贏了勝負

談話性節目是針對各自主張的是非對錯進行爭辯，所以主張是錯的當然就輸了。但即便主張是錯的，也有機會將爭辯的方向引導至讓觀眾覺得正確的敵方「很討厭」。

前面用了好幾次「殺人眞的是不對的？」例子，說明駁倒別人的方法。在爭辯的過程中，一旦導出「殺死壞人是正確的」結論，即便殺死的對象是壞小孩，結果也是正確的。

也就是說，在爭辯的過程，主張「殺小孩就是不對的，即便是壞小孩」，就會變成是錯的，提出這個主張就輸了。

但遇到這種情況，我一定會站在保護孩子的立場，不斷主張「孩子被殺死未免太可憐了」。

爭辯上是我輸了，但是觀看節目的一般人，比起邏輯的正確性，他們會產生情緒反應，對提出「可以殺掉壞小孩」這種正確主張的人，貼上「原來這個人殺小孩不眨眼」的負面標籤。

也就是說，「輸了比賽，贏了勝負」也是一種優秀的辯駁力。如果只說「你說得對，但我做不到」，當然無法駁倒對方。只要在社會上給人「這個人是好人」的印象，最終便能獲得勝利。

就像職業棒球比賽的目的不在於贏得一場比賽，眞正的目標是在這一年的職棒大賽中取得勝利，不是嗎？同樣的道理，雖然爭論輸了，結果卻取得了優勢地位，那對我來說反而有利。由此來看，有時候要投什麼球其實已經決定好了。

只不過，讓別人覺得我是「好人」，這點是好還是壞，又是另一回事。

希望大家不要誤會，針對「殺人眞的是不對的？」這類主題進行爭辯時，我完全沒有帶入自己的道德觀或情緒，因爲我說話時只想著該怎麼做可以贏過對方。

我當然不會做出「贏了比賽，輸了輸贏」這種事，所以不會使用歧視性言語或口出惡言。

如果比賽贏了，但攻擊的話語非常惹人厭，之後批評罵聲就會如潮水般湧來。

沒有答案時的爭論訣竅

在談話性節目上，一堆來賓爭辯著外交的各種問題，結果根本就沒有答案。重複前面所說的，節目只要有趣，能娛樂大家就好。

對我而言，外交這種主題，就跟荷包蛋是淋醬油好吃，還是淋醬油膏好吃這種討論很接近。

兩者都沒有答案。就算問一百人的意見，也得不到結論。

那種爭辯怎麼討論也得不到解答，最後只能以青菜蘿蔔各有所好來結束。

最好不要參與的爭辯

「把臉塗黑模仿黑人是種族歧視嗎？」這種議題會週期性的在網路媒體引發熱議。

大家在奇怪的地方辯得激烈，但我只會袖手旁觀，不加入爭辯。因爲這也是沒有解答的題目。

澳洲人模仿黑人，在澳洲也出現類似的爭辯。但他們的論點是白人模仿黑人的行爲，有瞧不起黑人的意涵，所以不好。

這個主張的背景在於，過去美國人把黑人運來做奴隸，也限制了黑人的權利。美國白人過去有模仿黑人、嘲弄美國黑人的歷史，所以，白人模仿黑人是不好的行爲。

針對那樣的批評，網路上澳洲人的反駁是「我們沒有那個意思」「我平常也跟黑人來往，單純只是模仿而已，沒有任何歧視或惡意」，這種意見是澳洲的多數派。

還有很多人的意見淪落到只想展現自己很懂歷史。

如果黑人針對這些言論表示：「看到有人模仿黑人，讓我很受傷。」被這樣說，你再怎麼會爭辯也贏不了。

當受害者吐露受傷的心情，用爭辯去推翻心情一點意義也沒有。所以我認爲參加這種爭辯只是浪費時間。

沒有答案的爭辯，最後只能以每個人的感受不同來結束討論。

那種沒有答案的議題很多。比方說，華格納的樂曲很常被店家播放，但是在以色列，華格納的名字近乎是禁忌。

華格納是反猶太主義者，而希特勒非常欣賞華格納，納粹的集會上經常演奏華格納的曲子或歌劇。所以對以色列來說，華格納有非常強烈的納粹色彩，他的曲子因此被視為禁忌。

而我們根本不知道有這件事，所以才能若無其事地去聽華格納的音樂會，因為每個國家的感受不同。只不過，以色列人看了很難受，也有猶太人因此很受傷。

但是「曲子優美」跟「作曲人很垃圾」完全是兩回事，所以在台灣做出「因為猶太人會傷心，所以要封殺華格納」的宣言是不太可能的。

另一方面，如果眼前出現因此受傷的人，會怎麼樣呢？會做出就算有人因此受害，文化還是要好好保留的判斷嗎？這樣的判斷正確嗎？依據不同的情況，會出現不同的答案。

我無論站在哪一邊的立場，都能辯駁對方，但我認為不參與那種爭辯才是正確的。

對話別玩傳接球

有人把溝通比喻爲語言的傳接球，本書也不時使用這種比喻，例如「丟這種球給對方」「對方會丟什麼樣的球回來」。

我與人對話時，大多會暫時進入詢問模式，不斷提問，詢問對方思考的理由，以及做出結論的思考過程。

所以，我會將別人的思考模型化，「這時候你會這樣想對吧？」不斷確認自己建構的模式能否正確預測對方。

這就是我所謂對話的傳接球。也就是，我只問自己想知道的問題，並沒有想玩傳接球的意思。

順帶一提，女生的吱吱喳喳——想說什麼就說什麼，沒有人在聽別人說什麼的對話，是我的罩門。

偶爾在速食店聽到女生聊天，從旁觀者的角度看還滿有趣的，但是會讓人覺得聚在一起聊這些事還眞無聊。

我非常不擅長教人。

我曾經教女友玩麻將，但因爲口氣太差而把她弄哭。

基本上，麻將的初學者不要拿其他玩家丟出來的牌去「碰」或「吃」，才會比較好上手。所以我從「不要出哪幾種牌」開始教起，但女友卻不斷「碰」跟「吃」……

「爲什麼要這樣出牌？如果妳想那樣玩也沒關係，不用理我，按照自己的意思玩，開心就好。但既然都叫我教妳了，不按照我教的方式玩，只是浪費時間，妳是眞的想學嗎？」

這樣說完，她就哭了。

剛才舉女生吱吱喳喳的例子也是一樣，我覺得不認眞聽別人說話的人，只是浪費彼此的時間。沒興趣的話，就趕快說沒興趣，避免產生損失，雙方比較不會鬧得不愉快。

但有些人就算沒興趣，也會爲了讓對方開心，而裝作有趣地問東問西，那樣只是浪費彼此大把的時間。即便是對話的傳接球，浪費時間的球我盡可能不投。

商務會議也是如此，我覺得完全不需要講廢話浪費大家的時間，直接切入主題是最好的。

不擅長對話的人，很容易因爲害怕沉默而丟一堆球，或是講一些沒意義的事，浪費時間在傳接球上。對話這件事，比起體貼細心，有沒有興趣比較重要。

「有沒有可以模式化的資訊呢？」像這樣尋找對方的思考模式也好，去掉多餘的開場白，丟幾顆對自己有好處的提問球也行。

有益的對話，不是讓對方暢所欲言，而是問出自己想知道的事情。

眞正的聰明人爭辯時的特徵

我跟很多人交手過，感覺大家的辯駁力其實沒有差很多。雖然也有不會說話的人，明明有攻擊的資料，卻沒好好利用，只坐在那邊聽人講，但是當口才超越一定水準之後，大致上就沒什麼差異了。

擁有的知識量會帶來差異，例如這個人知道很多事情、很有趣。

比方說，跟很會打毛線的人聊，就會知道原來有哪種道具跟技術；從漁夫口中聽到在什麼季節，海域的溫度會產生怎樣的變化，所以會出現哪種魚，也會感到驚奇。那些內容，即便是從不善言辭的人口中說出來，也能夠說服他人。

總之，辯駁的重點，與其說是說話技巧，不如說是有無以事實爲依據的資料。問題在於有無根據。

人擁有的知識各有差異，所以對於某些主題一定會有資料不足的問題。

擅長爭辯的人，大多也只能有怎樣的證據，做怎樣的討論。我不會沒提出任何資料就說：「我是這樣想，所以這是對的。」

不過，雖然這極爲罕見，但有些人即便不以事實爲依據也能一口咬定，非常擅長爭辯。

比方說，日本知名入口網站「活力門」的前社長堀江貴文，就是如此。論證過程相當長，一一說明會沒完沒了，所以他的說話方式就是完全不說明，直接點出結論。

堀江很懶，不喜歡解釋太多，但詳細請教，他也會願意說明。

滿多大人物講話都三步併兩步，直接跳到結論。一般來講，「A＝B」「B＝C」「C＝D」，所以「A＝D」，但他們會劈頭就說「A就是D」。

聽得懂的人，可以自行想像過程，所以即便沒提出論證，也是堀江「勝利」。聽不懂的人，即使從頭檢視，只要堀江一句「不，你弄錯了」，爭辯就結束了。

順帶一提，堀江的口頭禪是「你聽我說」，被他這麼一說，對手也只能默默聽他講。他散發出「我接下來說的，會讓不懂的人也聽得懂」的氣息，很厲害。

判斷時應捨棄自我本位

這裡以預測未來爲例，跟大家說明建立假說時的注意事項。

經濟預測不是我的專業，我完全是門外漢。只不過談論到世界經濟的整體時，影響經濟的因素主要就那幾個，決定因素非常單純。反而上班族的未來收入這種個別預測，需要考慮的因素太多、太細，完全無法預測。

比方說，巴布亞紐幾內亞是否會因爲某個意想不到的重大發明，在十年後成爲美國這種巨大國家？答案是不可能。

也就是說，世界經濟這種規模的問題，大多是依據某些法則運行。爭辯用的資料大致上也都俱全，即便有什麼重大發明，不過是鐵路、石油、網路等程度的東西，所以世界經濟這類議題，即便外行人也很容易預測。

英國脫歐也是如此。英國脫歐之後，景氣會變好還是變差呢？答案幾乎肯定是會變差。只要藉由公開資訊便可判斷，過去出口的部分商品會被徵收關稅；在金融街工作的好幾萬人會因此丟掉飯碗，移民也會減少。已經有這些明確的數據，所以只能回答經濟狀況會變差。

而明年的職棒哪支隊伍會勝出，因不確定因素太多，反而不好預測。

北韓問題也是如此。世界趨勢這類大預測不是我的專業，對我來說，就跟解謎題的感覺一樣。利用獲得的資料，思考這些要素組合後會變怎樣，像在玩遊戲般，沒有自我本位的意識，也不會帶入個人想法。

總之，思考這種問題的時候，要完全脫離「應該怎麼做」的主觀立場，比較能冷靜地做出判斷。

自我本位陷得越深，越容易落入判斷偏誤的陷阱裡。

比方說，判斷一間公司未來的成長性如何時，若自己持有那間公司的股票，不就很容易只蒐集好的一面嗎？

所以在觀察社會的時候，應該要徹底捨棄「我認爲應該這樣」的主觀看法。

用難題觀察對方的反應

聽別人說明來滿足自己的好奇心，是非常有趣的事。

我在談話性節目上看起來像在攻擊別人，但大多是眞的想了解對方的想法才會丟一些問題。

反過來說，我可能屬於那種對教學感受不到喜悅，無法成爲老師的人。

在爭辯的過程中，我當然也會有說明得很快樂的感覺。那種感覺大多在整理自己的意見時出現，也就是說，我想知道對方對我的想法有什麼反應，爲此整理意見而說明。「這個主張應該沒有漏洞吧，如何？」換句話說，我是爲了確認而說明。

有時候爲了找出「原來別人這樣想」的新發現，我會主動提出適合爭辯的話題跟人討論。

我之前常使用的爭論話題是「安樂死」。安樂死在比利時是合法的，我曾看到一則報導寫道，有些老爺爺會叫上所有朋友開一場派對，然後在當天安樂死。

暫且不論死得有尊嚴這種說法，我看到那則新聞，第一個想到的是「派對上的人都不是朋友」。

「我要去死了，所以要開場派對」，當朋友邀請自己參加派對，然後在眼前走進隔壁的臥室說「那我現在要去死囉」，一定會有人出來制止。沒出面制止的人應該稱不上是朋友吧。

所以當我跟別人說，比利時安樂死派對上的人沒有一個是朋友時，每個人的反應都不同。

「朋友既然決定要結束自己的生命，不阻止才是眞正的朋友」，或是「安樂死是人性尊嚴，我們應該尊重別人的決定」，各種不同的反應讓我感到很新鮮。理解他人有什麼感覺、有什麼想法很有趣。

我最近經常向經濟專家請教的問題是，「二〇二〇年之後，日本的景氣也不會好轉對嗎？」

雖然大家都說在二〇二〇年東京奧運結束前景氣會回升，當我問「奧運結束後景氣就會下滑嗎」，沒有任何人能夠認眞回答：「不，奧運結束之後，也會因為某理由持續維持好景氣。」

我想知道的是，有沒有人會說「有這樣的資料，所以二〇二〇年之後日本也會以這樣的形式維持好景氣」，來證明我的想法是錯的。我建構的假說「二〇二〇年之後，日本的景氣會變差」是有證據的，但想確認是否還有其他我不知道的資料。

比方說，「倘若日本成爲中國的藩屬，跟著中國的景氣成長，那麼二〇二〇年之後，景氣有機會大幅成長。」這是我不知道的資料，所以當別人告訴我「日本有可能成爲中國的一省」時，我會覺得「喔喔，如果變成那樣，景氣的確有可能變好」。

當然，如果別人告訴我手上的資料是錯誤的，「其實要這樣解釋才對，所以景氣會變好」，我也會覺得「原來如此，這樣解釋的確合理」。

也就是說，爲了確認自己的假說是否正確，無論是向別人說明，還是聽別人的想法，對我來說都是一樣的事。

自己一個人調查、建立的假說，一定會有不知道的地方，容易有漏洞，所以必須聽取別人的想法，反覆確認。不這樣做，不可能把漏洞填補好。

爲強化自己的假說，最好不斷地與人爭辯。

〈後記〉

擁有威力強大卻不隨意使用的武器

有些人會從後記開始讀，但這篇後記是以已閱讀了本書爲前提所撰寫。

大家拿起這本書的理由，表面上看起來五花八門，但我想很多人應該是希望別人按照自己的意思行動，覺得如果能找到那種方法該有多好，所以翻開了這本書吧。

這些「辯駁力」的技巧是否派上用場了呢？

技巧是否有用因人而異，有些技巧可能不適合你，完全派不上用場。

但我們在閱讀時，只要找到一個有用的地方，就會覺得讀這本書值得了。

讀了本書的人應該多少可以理解，改變自己比改變他人簡單。與其改變討厭的人，不如讓自己就算看到討厭的人，也不會不愉快。改變自己簡單多了，而且可靠，也沒什麼副作用。

因此，想改善人際關係，其實很多情況是只要我們自己改變心態就能改善。

不過，也有那種莫名其妙隨機打人的人，所以也有例外。我的國中母校有個令人充滿困惑的特別日，在那一天，前輩們會站在校門口，一個接一個揍來上學的男學生一拳。當時就讀國中一年級的我，還以爲原來國中就是這樣，問了讀其他學校的朋友，才知道原來沒有這種事。

也就是說，出社會之後，不會有人只是對到眼就跑過來揍人。社會人士的日子其實滿好過的，討厭公司，換工作就好；但是學生如果每天被霸凌，光憑自己的意識也沒辦法轉學。

像這樣，想到比自己不幸的人，就會覺得自己可能沒那麼不幸，「我這樣可能還算好」的思考方式，也是改變想法的技巧之一。

我討厭對方什麼地方？對方如果改善了那個地方，就變得不討人厭了嗎？思考這些問題，可以知道自己討厭什麼、無法原諒什麼，能更深入地了解自己。而能這樣了解更多的自己，也是多虧了討厭鬼。

如果你的目的是想讓生活變得輕鬆、幸福，駁倒對方或許不是目標。

比方說，美國、中國、法國之類的國家，雖然擁有核武，但並不打算使用。**擁有武器但刻意不用，也是策略的一種**。

只要向周遭人表現出自己會使用武器的樣子就夠了。不使用武器，事物也能運轉順利。

雖然使用辯駁力改變周遭環境是一種方法，然而擁有那樣的武器，但刻意不用，可以讓心靈往上提升一個層次。

給閱讀到這裡的讀者：若本書可以讓人生多少變輕鬆是最好的，但胡亂揮舞武器因此受傷的話，則是賠了夫人又折兵，還請務必小心留意。

國家圖書館出版品預行編目資料

罵不還口，你傻呀？：這樣反擊，遠離被酸、打臉、嗆爆的心塞人生／
西村博之 著；謝敏怡 譯.-- 初版. -- 臺北市：方智，2019.09
208 面；20.8×14.8公分. --（生涯智庫；173）
譯自：論破力
ISBN 978-986-175-535-9（平裝）

1.溝通技巧

177.1 108011494

Eurasian Publishing Group
圓神出版事業機構
方智出版社
Fine Press

www.booklife.com.tw reader@mail.eurasian.com.tw

生涯智庫 173

罵不還口，你傻呀？：這樣反擊，遠離被酸、打臉、嗆爆的心塞人生

作　　者／西村博之
譯　　者／謝敏怡
發 行 人／簡志忠
出 版 者／方智出版社股份有限公司
地　　址／台北市南京東路四段50號6樓之1
電　　話／（02）2579-6600 · 2579-8800 · 2570-3939
傳　　真／（02）2579-0338 · 2577-3220 · 2570-3636
總 編 輯／陳秋月
副總編輯／賴良珠
主　　編／黃淑雲
責任編輯／胡靜佳
校　　對／胡靜佳 · 鍾瑩貞
美術編輯／林韋伶
行銷企畫／詹怡慧 · 王莉莉
印務統籌／劉鳳剛 · 高榮祥
監　　印／高榮祥
排　　版／陳采淇
經 銷 商／叩應股份有限公司
郵撥帳號／ 18707239
法律顧問／圓神出版事業機構法律顧問　蕭雄淋律師
印　　刷／祥峰印刷廠
2019 年9月 初版

RONPARYOKU
BY Hiroyuki NISHIMURA
Copyright © 2019 Hiroyuki NISHIMURA
All rights reserved.
Original Japanese edition published by Asahi Shinbun Publications Inc., Japan
Chinese translation rights in complex characters arranged with Asahi Shinbun Publications Inc., Japan through BARDON-Chinese Media Agency, Taipei.
Complex Chinese translation copyright © 2019 by Fine PRESS, an imprint of EURASIAN PUBLISHING GROUP
All rights reserved.

定價250 元　ISBN 978-986-175-535-9
版權所有 · 翻印必究

◎本書如有缺頁、破損、裝訂錯誤，請寄回本公司調換　Printed in Taiwan